FRANCE

ET

AMÉRIQUE

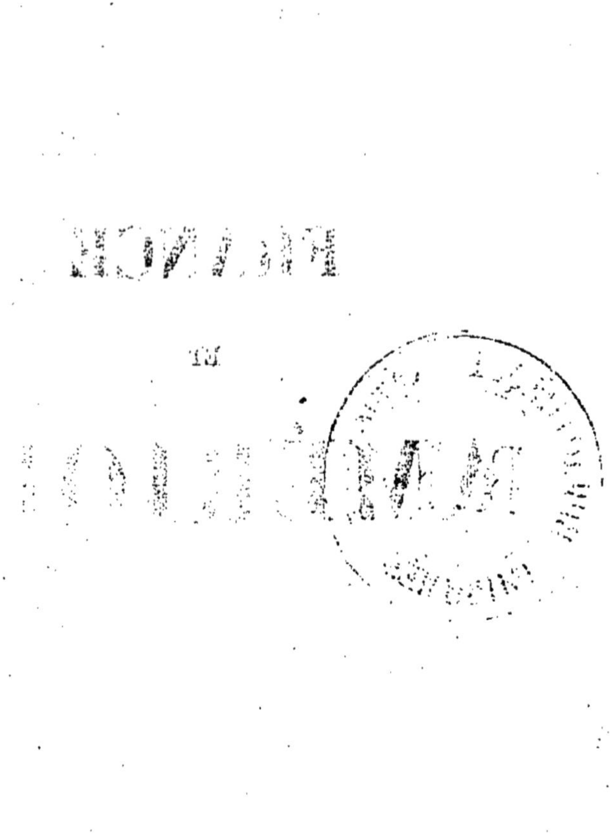

FRANCE

ET

AMÉRIQUE

OU DES

INSTITUTIONS RÉPUBLICAINES

PAR

M. ALEXANDRE LAYA,

Avocat à la Cour d'appel de Paris.

PARIS,

CHEZ PAGNERRE,

Rue de Seine, 14 bis,

ET CHEZ LES PRINCIPAUX LIBRAIRES DE PARIS ET DES DÉPARTEMENS

—

1850

PROPOSITION.

L'indécision est le mal de notre temps.

Ce qui compromet toujours le sort d'un État, c'est le caractère d'indécision des hommes qui le gouvernent.

La révolution de 1848 s'est opérée à l'improviste, mais elle n'a pu surprendre ceux qui, étant sans passion, ont vu se préparer l'orage.

Quel rôle devaient remplir, en février, les hommes qui avaient essayé de constituer la monarchie de 1830, ou les légitimistes qui avaient ramené les Bourbons de la branche aînée en 1815? Un seul rôle.

C'était, et c'est encore de ne plus songer à

réédifier une monarchie désormais impossible ; d'apporter leur concours à la formation de l'État nouveau ; DE CONSTITUER LA RÉPUBLIQUE.

L'indifférence qu'ils ont mise, et qu'ils mettent encore aujourd'hui à se rallier définitivement à cette forme de gouvernement, est la source de nos malheurs pour l'avenir.

Au point de vue politique, vouloir recommencer une monarchie, c'est remettre en jeu l'action déjà connue, déjà tentée, d'un mode de gouvernement définitivement repoussé par nos instincts et par les progrès du XIXe siècle :

Au point de vue des personnes engagées dans le mouvement des affaires publiques, être indifférent, c'est conspirer, c'est presque trahir.

Celui qui écrit ce livre n'a pas cru, avant 1848, que les institutions d'une monarchie constitutionnelle fussent inapplicables en France : il n'eût pas cru possible, en 1848, de proclamer la République, bien qu'il eût pu la désirer ; mais il ne la pressentait pas.

Aujourd'hui et depuis deux ans, rallié très-énergiquement à la République, il se demande pourquoi les hommes politiques (1) dont il a partagé longtemps les opinions ne se dé-cident pas à apporter leur concours à la fondation de cette République française, qui peut être et qui sera glorieuse.

Un examen impartial, approfondi de la situation actuelle, lui fait regarder les propositions suivantes comme incontestables :

1° La DÉMOCRATIE est la fin nécessaire des gouvernements, quels qu'ils soient.

2° La société française doit être respectée dans son existence actuelle, mais modifiée, pour que son existence future soit sauvegardée;

3° Les partis monarchiques qui divisent la France doivent, s'ils ne veulent pas succomber dans une lutte sanglante et qu'ils auront préparée ou laissée s'organiser dans l'ombre, oublier leurs illusions, leurs principes chimé-

---

(1) M. Laya est l'auteur d'un ouvrage sur l'Histoire de la Révolution de 1830 dans lequel il a fait ressortir l'action énergique qu'a prêtée à cet établissement M. Thiers, comme ministre et comme orateur. M. Laya pense fermement aujourd'hui que si les hommes du parti dont il a admiré les chefs voulaient jouer en France le rôle généreux et loyal de Washington, la République française ne courrait aucun danger.

riques, les espérances de leurs prétendants, dont le triomphe ne pourrait être qu'éphémère;

4° Les hommes d'État de tous les partis doivent s'unir définitivement dans le but de former un corps puissant, national, démocratique, en appelant à leur aide les possesseurs de la richesse territoriale, industrielle, intellectuelle du pays;

5° L'administration publique doit être simplifiée dans ses rouages;

6° Les institutions de crédit doivent être vulgarisées, à la seule condition d'une sécurité matérielle suffisamment représentée soit par le gage palpable, soit par la moralité de l'engagé;

7° Les institutions tendant à faire connaître au peuple les éléments constitutifs du pays, doivent être fondées sur une base unique, n'ayant plus qu'une formule, un seul intérêt, un système concordant aux mêmes fins;

8° Les sources du travail doivent être alimentées soit par l'exportation, soit par le mouvement des dépenses, soit par le progrès des arts; de telle sorte que l'homme né en France y trouve un abri contre le malheur et, dans sa laborieuse existence, une garantie contre des entraînements qui le poussent au crime;

9° Le mécanisme nécessaire du gouvernement ne doit pas se restreindre à mettre en mouvement les rouages qui existent, mais à mettre en action tout ce qui doit assurer la vie à chacun, la prospérité à l'industrie, le développement aux arts; et pour cela, le gouvernement ne doit pas se contenter d'enregistrer, par la statistique des contributions, le chiffre des affaires commerciales, mais il doit en outre favoriser la *demande* et se mettre en communication directe avec l'*offre*;

10° Pour quelque temps encore, L'ÉTAT DÉMOCRATIQUE FRANÇAIS doit se modeler sur la *Constitution des États-Unis d'Amérique;* mais il faut changer tout de suite, afin d'éviter le conflit des ambitions diverses, le mode de nomination du président de la République, qui ne devra être que temporaire, bien que rééligible, selon le mode adopté aux États-Unis, et préparer cette époque, qui nécessairement arrivera, où tout gouvernement démocratique sera administré par une assemblée unique, avec le président d'un conseil nommé par cette assemblée.

Ce travail se termine par un *appendice* où se trouvent résumés les merveilleux débats qui ont présidé à l'enfantement gigantesque de ce grand état du Nouveau-Monde, dont Franklin et Washington furent les créateurs.

Heureux l'auteur de ce petit livre si l'étude consciencieuse qu'il a faite depuis vingt ans des rouages administratifs de son pays et des constitutions étrangères (1), lui inspire quelques idées nouvelles, favorables à l'organisation de la France.

Les luttes usent les peuples. Ce qui a sauvé les états confédérés de l'Amérique, c'est l'union; ce qui leur a inspiré ce sentiment d'union, c'est l'oubli des luttes du passé, c'est la prière dite avec tant d'émotion par le vénérable Francklin, quand, au début même des travaux de la Convention de Philadelphie, il a vu que le germe des divisions intestines devait être étouffé... sous peine de devenir un germe de mort pour sa belle patrie !

---

(1) M. Laya est le fondateur du *Journal des Conseillers municipaux* et du *Journal des Conseils de Fabriques*, de la *Revue parlementaire*, et l'auteur du *Droit anglais*.

CHAPITRE PREMIER.

CONSIDÉRATIONS GÉNÉRALES.

—

I.

Paupérisme. — Travail.

—

Lorsque Jésus, inspiré de sa vocation divine et sociale, après avoir résisté aux tentations de Satan sur la montagne, reprit humblement le chemin de Nazareth, où il avait été nourri, il entra, suivant sa coutume, le jour du sabbat, dans la synagogue, et il se leva pour lire.

On lui donna le livre d'Isaïe, et, l'ayant déroulé, il trouva l'endroit où il était écrit :

« L'esprit du Seigneur est en moi : c'est pourquoi il m'a consacré par son onction et m'a envoyé pour évangéliser les pauvres, guérir ceux qui ont le cœur brisé,

» Annoncer aux captifs la délivrance, aux aveugles qu'ils verront, délivrer ceux qu'é-crasent leurs fers, publier l'année jubilaire du Seigneur et le jour de la rétribution. »

Il semble que ces saintes paroles du prophète soient la première formule des principes d'un pur républicanisme ; puis est venu l'Évangile, en sorte que ce qu'il y a d'applicable à l'organisation d'une République a été consacré depuis dix-huit siècles par le rédempteur du monde.

De tous temps, les pauvres ont existé, non pas qu'une répartition des richesses ait été faite en spoliation de leurs droits, mais parce que, presque toujours, une maladie incurable et délétère a frappé de mort les bras et l'intelligence de l'homme : cette maladie, c'est l'oisiveté.

Si la propriété, c'est-à-dire la consécration de la possession primitive par une sorte de concession faite à l'homme par l'homme, si la propriété fut dans l'origine plutôt un fait qu'un droit, il faut reconnaître que ce fait, si brutal qu'il puisse paraître, dut être considéré comme le résultat d'une convention conclue entre eux par les premiers habitants de ce monde.

Évangéliser les pauvres, c'est leur annoncer leur délivrance en leur inspirant la volonté de changer les haillons de l'oisiveté, cette maladie dont nous parlions, contre les vêtements que ne refusent pas le travail et le courage; et si, d'une part, c'est l'inspiration que donne l'espérance, d'autre part, c'est une sorte d'engagement pris par les autres hommes, les heureux, de ne pas oublier qu'ils ont pour frères ces pauvres couverts de haillons, et qu'il est de leur devoir de venir à leur secours, en leur ouvrant spontanément la voie aux légitimes labeurs : c'est la dette de celui qui possède envers celui qui ne possède pas.

Ainsi, le paupérisme est bien souvent, en fait, la peine de l'oisiveté, et cet état qui fait rougir de honte et de douleur tout cœur honnête et courageux ne devrait être qu'une pénalité, dans toute société organisée sur les principes évangéliques, dans toute société républicaine.

Isaïe et le Christ expliquaient parfaitement, par l'ordre même où se trouvent leurs divines paroles, ce mécanisme intelligent, logique, moral de la délivrance sociale.

D'abord ce qui les préoccupe, c'est le pauvre ; ensuite le conseil vient qui le soulage, qui *guérit son cœur brisé*, qui lui donne la force morale pour arriver pas à pas à secouer les chaînes de cet humiliant esclavage.

La parole sainte a été dite :

Le courage est inspiré ;

La délivrance s'ensuivra ;

Car les aveugles verront.

II.

Appui mutuel des riches et des pauvres.

Ici, les aveugles, ce sont bien ces âmes indifférentes, placées, presque toujours par le hasard, dans une situation tranquille, insoucieuses des souffrances qu'elles ne connaissent pas : elles sont plus dignes de pitié que de châtiment, ces âmes qui ne s'inspirent que de ce que le souffle du hasard leur apporte ; qui se sentiraient émues si le spectacle des angoisses, des douleurs, de la fièvre physique et morale d'autrui, venait se révéler à leur jouissance oisive et fortuite des biens de ce monde. Car, il faut le reconnaître, si l'on examinait hommes et choses, sentiments et actions, d'un œil véritablement fraternel, il s'opérerait, sans nul doute, une transformation radicale dans la société. Ceux qui souffrent reconnaîtraient que la plupart des riches ne sont pas sous l'influence exclusive d'un criminel égoïsme, et ceux qui vivent dans l'abondance ne détourneraient pas les yeux, croyant trouver un assassin ou un spoliateur dans un pauvre.

Les imperfections humaines se remarquent beaucoup plus dans les institutions que dans les hommes. La créature, en effet, quel que soit son berceau, sort des mains de Dieu ; et si les principes de l'éducation, si les coutumes, déterminées par les rangs sociaux, étaient les mêmes pour tous, il est probable, il est certain que les hommes seraient dans la vie ce qu'ils sont enfants, au début de la vie, aptes au bien, et capables de générosité. Mais, si les institutions sont entachées d'égoïsme ; si le bien-être, au lieu d'être le fruit d'un labeur légitime, devient la récompense du jeu, de la spéculation ou du vol ; si, par ses lois, par ses mœurs, un peuple, une agglomération d'hommes écarte en quelque sorte des jouissances matérielles et morales quelques-uns de ceux qui vivent du même air, et qui auraient eu le droit de s'éclairer aux mêmes lueurs de moralité et d'intelligence; si l'indifférence, le dédain, le mépris, le dégoût qu'ils rencontrent semblent proscrire de la société dont ils font partie ceux que le *sort* a faits pauvres, par quels efforts, par quels travaux, par quels sacrifices, les hommes qui ont l'honneur de participer au gouvernement de la République ne doivent-ils pas ramener à la vérité ceux qui vivent dans le mensonge, corriger les mœurs, amender les lois; et cela sans désordre, sans hypocrisie, sans crainte, surtout, au début d'un établissement dont le premier principe doit être la fraternité.

III.

Droit et devoir.

—

L'Évangile *vient donc délivrer ceux qu'écrasent leurs fers.* Dans ces paroles, se trouve une pensée qui doit présider à toute organisation sociale. Ces *fers* ne sont pas seulement

une sanction pénale, ils peuvent être une en-
trave, un frein, une chaîne dans toutes les
institutions. La liberté, c'est l'exercice du
droit; et si, à côté d'un droit se place une
obligation, il ne s'ensuit pas que la soumission au devoir soit un esclavage. Le droit
doit donc être concordant avec le principe
d'un établissement quelconque : tout élément,
toute mesure qui n'est pas conforme à l'esprit des institutions d'un peuple, devient, par
cela même, un principe de destruction. Il
faut y prendre garde, c'est un point très sérieux, quand on édicte des lois, que de ne
pas se laisser séduire par un décret qui
donne momentanément une force artificielle
contre des excès. Le décret qui n'est pas logique avec l'institution, c'est le germe du désordre.

Donc, au début de tout travail qui a pour fin
l'établissement du gouvernement républicain,
c'est-à-dire l'accession de tous au maniement
du gouvernail général de toute chose en ce
monde, il faut s'inspirer de la loi divine. C'est
une œuvre magnifique que l'œuvre d'une
Constitution démocratique, parce que, pour
être logique avec son principe, elle doit s'éta-

blir sur la base immuable de la charité et du bien-être universels.

Insensés, hypocrites ceux qui la proclament utopie ! La démocratie, telle que je la conçois, doit avoir pour fin l'application de toutes les pensées religieuses et fraternelles à l'aide du rapport réciproque du droit.

IV.

Progrès nécessaires des sociétés.

Le premier devoir de l'homme d'État qui concourt à fonder un gouvernement démocratique, c'est l'étude approfondie de la société.

L'esprit humain travaille chaque jour à une modification de ce qui existe, parce que la créature de Dieu est imparfaite. Ce travail incessant, qui agite le monde sans relâche, est le même qui a enfanté les révolutions en France. C'est en vain que les timides veulent nier le problême, on en attend la solution : cette solution est nécessaire, impérieuse ; et ne pas entrer résolument dans la carrière du progrès qui nous est ouverte, c'est nier le mouvement.

Le flot du progrès s'élève, grandit, menace.
L'histoire, c'est-à-dire cette puissance du fait,
déterminée par une volonté providentielle
qui se révèle en toute chose, le constate; et
ceux qui sont assez fous pour ne pas céder
finiront par être écrasés. Quand une révolution gouvernementale s'accomplit, ce n'est
souvent qu'une forme qui vient se substituer à une autre : un empereur à un dicta-
teur, un roi de droit divin à un usurpateur,
un roi de contrat à un roi de préjugé ; mais,
quand la société tout entière prend part au
mouvement, et quand ses institutions sont
en jeu jusque dans les détails de son organisation, alors le rôle impérieux des hommes
politiques, c'est de se rendre un compte
exact de l'état social; c'est de prendre en
main la direction du mouvement, sous peine
d'être entraînés dans un abîme ; et, s'ils s'é-
cartent, par indifférence ou par crainte, de
la voie où les événements ont placé le pays,
malheur à eux! leur indifférence passera
pour une lâcheté. Mais il y aura plus qu'une
déchéance de leur amour-propre dans les
conséquences finales de cet abandon. Les
liens sociaux, qui empruntaient quelque force

à leur résistance même, se briseront par le fait du relâchement de leur autorité ; et ce ne sera pas sans raison que le pays viendra se plaindre de ceux-là mêmes qui devaient pourvoir à son avenir, et qui l'ont trahi en l'abandonnant.

Tout gouvernement tombe pour n'avoir pas pris en main les théories, les préjugés mêmes qui ont jeté racine dans les masses.

Toute influence, fût-ce celle de l'excès, doit être l'objet des méditations sérieuses des gouvernants. Ce qui est bon dans un système, souvent exagéré dans ses formules, doit être mis en relief par l'État : ce qui est défectueux ou mauvais doit être sincèrement discuté, non pas avec la passion du parti pris contre toute doctrine nouvelle, mais bien avec la déférence que l'esprit doit à l'esprit, l'âme à l'âme, le cœur au cœur.

Rien n'est plus irritant, rien n'est plus puéril, que cette coutume qu'ont les esprits *tout faits*, de répondre, par une négation systématique, à des principes énoncés sous une forme nouvelle, surtout en révolution. La conséquence de ces puérilités de l'antagonisme orgueilleux, c'est de jeter dans les masses ignorantes ou prévenues le sentiment d'une résistance pareillement systématique. L'entêtement répond à l'entêtement ; la force brutale au dédain brutal. En commettant une injustice par l'indifférence, les champions des vieux systèmes ne font qu'irriter, en même temps qu'ils rehaussent les fondateurs des utopies nouvelles ; et bientôt le pays a sous les yeux le spectacle affligeant de divisions misérables, dont le but n'est autre chose que le triomphe d'une vanité.

Quand donc naîtra la vérité dans la démocratie ? c'est-à-dire, le désir de voir la lumière et non le clinquant ? Quand donc cette nécessité souveraine d'un établissement fondé sur l'intelligence et le génie humain, s'imposera-t-elle sans péril ? Quand donc pourra-t-on fonder, en France, une République grande et noble comme la conscience humaine, cette parcelle de la divinité !

Pauvres esprits, que ces peureux, auxquels il faut le courage d'autrui pour leur donner du cœur ! Pauvres intelligences, que ces fronts déprimés, auxquels il faut un foyer étranger pour échauffer les fibres de leur étroite cervelle ! Pauvres moutons, que ces hommes, auxquels il faut absolument un bélier pour les conduire.

Pourtant, quoi de plus clair que la ligne suivie depuis des siècles par cette nation d'élite, qui fraye sa route dans l'humanité comme l'étoile son rayon lumineux dans le ciel? Dès lors, comment, après les enseignements si précis, si positifs du passé, ne pas voir que la France n'a qu'une tâche désormais, la constitution énergique d'un gouvernement démocratique? Le monde n'attend-il pas, impatient et curieux, que la France républicaine le domine?

Les nombreuses transformations que nous avons subies laissent-elles, à l'organisation définitive du pays, une autre place que celle qui est réservée à la République?

Le passé ne nous prouve-t-il pas que l'élément démocratique est, depuis des siècles, dans les flancs de la société francaise? L'histoire de la civilisation, est-ce l'histoire de l'obéissance? et, depuis que la France compte dans le monde pour une nation, le spectacle des événements qui ont signalé ses grandeurs ne prouve-t-il pas, d'une manière irrécusable, que le peuple fait de jour en jour des pas immenses; qu'il fonde, d'année en année, son avénement à la souveraineté? Et, si cela est vrai, si cela est clair comme le jour, que feront vos efforts, vos combats, que feront même vos victoires momentanées dans la lutte que vous préparez? Vous êtes un jouet irritant et bizarre, qui prêtez à rire même à ceux qu'une force momentanée vient frapper, au plus grand bénéfice de votre succès présent, mais au plus grand péril de votre défaite dans l'avenir.

Croyez-moi, ralliez-vous sincèrement, loyalement, sans arrière-pensée, avec intelligence, à une forme de gouvernement qui est la plus conforme à notre nature; vous verrez plus loin qui vous êtes; sur quelle inanité ridicule ou stérile reposent ce que vous appelez vos systêmes, combinaison bâtarde d'atermoiements, n'ayant d'autre fin nécessaire que la ruine.

Ne vous laissez plus traîner par cet attelage de vieilles roueries, ne vous cramponnez plus à ces chaînes rouillées.

Croyez-moi! le temps des intrigues politiques, des tromperies réciproques est passé. Plus n'est besoin de jouer au fin; plus n'est nécessaire de prendre le clinquant pour la splendeur, le faux semblant pour le vrai, les fanfares fêlées des cirques pour les concerts harmonieux des grandes victoires sociales. Soyez dans le vrai; croyez que le mensonge est comme l'humidité; c'est un élément latent, qui surnage, quoi que vous fassiez; quelques efforts que vous tentiez pour replâtrer votre édifice politique ou social, il vous faudra reconnaître que toutes les épreuves sont terminées; que, dans le peuple, le niveau s'élève; que la fraternité est comme l'âme universelle; c'est le feu qui nous fait vivre; et, tôt ou tard, il faudra que vous vous reconnaissiez vaincus, ou que vous fassiez vos égaux de ceux qui vous font peur, bien qu'ils aient, comme vous, une intelligence apte au bien, un cœur capable de grandes émotions. Servez-vous donc, au plus tôt, de ces éléments de force, de durée, de splendeur. Au lieu de les craindre, appelez-les vers vous : au lieu de les éviter, conviez-les au travail de discussion et d'analyse qui vous occupe.

Je ne crois pas qu'il existe un seul homme en France assez aveugle pour ne pas voir que la société ne peut subsister telle qu'elle est. Si indulgent que l'on soit pour les erreurs ou pour les imperfections ; si égoïste que l'on devienne par le bonheur, l'on ne peut méconnaître que nos institutions, nos lois, nos mœurs, nos préjugés, nos vices brutaux ou hypocrites, nos mensonges, nos félonies n'accusent un peuple en décadence.

Nier le mal, ce n'est pas le détruire, c'est l'aggraver.

Attendre, quand le flux s'est retiré, que le reflux couvre la plage, en se fermant les yeux pour ne pas voir la mer montante, en se bouchant les oreilles pour ne pas entendre sa grande voix, c'est se vouer à une mort certaine.

Et voilà ce que fait la société moderne.

Pour arrêter le progrès, elle se contente de lui barrer le passage. Le progrès fait comme l'avalanche : il ramasse, en avançant, tout ce qui se trouve sur le chemin, sable ou pierres précieuses ; il grossit, il prend des formes effrayantes, il s'empare des forces accessoires qui lui sont nécessaires pour renverser l'obstacle ; tout lui est bon : la brèche est faite ; le passage est forcé ; tout se brise sous les pas

rapides de ce progrès qui ne sait pas s'arrêter.
Ainsi le veut la loi du monde.

V.

Situation actuelle. — Loi de l'Égalité.

Nous sommes arrivés à ce moment suprême
des temps où la volonté de Dieu doit s'accomplir :

« L'homme est l'égal de l'homme. »

Quoi qu'on fasse, quelque résistance qu'on
lui oppose, la pensée est plus forte que les
plus forts.

Les révolutions, en France, ont eu chacune
leur phase, et la progression est évidente.

Serf, maître, bourgeois, penseur, démocrate, le peuple français a conquis et brisé
un à un les anneaux de sa chaîne. Tout citoyen
aspire, chaque jour, à se placer de lui-même
au niveau le plus élevé de l'organisation sociale. Qu'il ait tort ou raison, la question n'est
pas là. C'est un fait, il faut le reconnaître, ou
bien il faut lâchement se croiser les bras, ne
pas diriger ce mouvement d'ascension pro-
gressive et nécessaire ; il faut laisser l'é-

cume surnager, au lieu d'épurer la matière en ébullition. Il faut alors, hommes d'État aveugles, insensés, vous condamner à l'asphyxie… Le grand courage !…

Non ! cela ne sera pas.

Que les hommes fatigués se retirent, s'ils sentent le pouvoir vaciller dans leurs mains ; qu'ils se retirent, s'ils croient que leur répression éphémère ne peut comprimer un mouvement qui se fortifie dans la lutte. Dirigé par une intelligence qui se place au sommet, le progrès peut devenir fécondant sans péril ; mais, retenu par des efforts inhabiles, le progrès ne cherche plus qu'un résultat, c'est de renverser tout sur son chemin : il ne s'inquiète même plus de la voie qui conduit au bien. Toute force motrice cherche à briser l'obstacle qui vient s'opposer au mouvement de ses engrenages.

« Mais, disent les grands politiques, quelle folie ! Où prend-on cette idée que le peuple n'est pas heureux ; qu'il a besoin de quelque nouvel affranchissement ; que son rôle d'ilote ne lui convient pas ? De quoi se plaint-il ? Est-ce que les libertés ne lui sont pas accordées avec profusion ? Est-ce que ses droits ne s'étendent pas chaque jour? Croit-il que l'on peut, tout d'un coup, lui donner une part plus grande dans le bien-être matériel? Veut-il, exige-t-il cette spoliation étrange qui lui est conseillée sous le nom de partage? Croit-il trouver résolu le problème de son bonheur dans l'application d'idées que l'on dit nouvelles, et qui, anciennes comme le monde, ont reçu la consécration d'une expérience fatale?

» Non, ceci n'est pas le progrès, c'est l'anarchie : à tout prix il faut la réprimer. »

Voilà ce que disent les hommes d'État qui trouvent, tous et toujours, sur la table du pouvoir un bandeau, le même dans tous les temps, et qu'ils se placent sur les yeux.

D'autre part, le progrès, qui s'est réfugié dans les rangs de ce que l'on a appelé la *minorité*, le progrès suit presque toujours la même marche dans tous les temps, et se trouve en proie aux mêmes erreurs.

VI.

La lutte s'organise.

—

Un fait qui paraît être entaché d'illégalité

vient-il à se produire, aussitôt une protestation surgit.

Au premier abord, il n'y a rien là que de légitime, de légal. Parler, discuter, écrire, réclamer, tout cela n'est autre chose que l'exercice d'un droit. Mais le pouvoir, qui est fort, s'oppose à cette manifestation : alors la minorité se lève et dit :

« Vous m'accusez d'anarchie ; vous commentez arbitrairement ma volonté, mes intentions ; sous ce prétexte, vous voulez confisquer une à une les conquêtes que j'ai faites, et, parce que vous êtes fort, vous vous proclamez infaillible ; je dois me taire ! je dois subir de votre fantaisie, de votre génie méconnu, si vous le voulez, tout ce qui peut porter obstacle au libre exercice de mes facultés, et vous vous étonnez que je ne trouve pas cela bon !

» Eh bien ! non, je n'accepte pas cet outrecuidant commentaire sur ma pensée et cette répression de mes actes. Je voulais être humble, votre arbitraire me donne l'orgueil de ma force ; car je suis ou je serai forte, malgré votre arsenal et votre ardeur, et il faudra bien qu'un jour nous comptions ensemble ; et ce jour-là, quand votre indolence ou votre lassitude auront remplacé cette force d'aujourd'hui, ce jour-là, au lieu d'un, je demanderai dix, et vous me l'accorderez ! »

C'est là l'enchaînement des choses de ce monde.

Mais qu'importe ! le pouvoir, qui est fort, ne voit dans cette manifestation qu'un acte de rébellion qui le contrarie, l'irrite en l'insultant.

Le pouvoir fort n'aime pas à se voir troublé dans l'exercice de sa souveraineté ; le moindre obstacle le taquine, et, à la première occasion, quand l'obstacle prend des proportions de quelque importance, le pouvoir fort se proclame en danger ; il décrète, selon ses besoins, des lois répressives, qu'il n'a qu'à prendre en se baissant, et le voilà brandissant ces lois pour affermir l'ordre, qu'il déclare compromis.

Tant que cette répression n'a d'autre résultat que de faire rentrer l'embryon de la révolte dans sa retraite, il n'y a rien à dire.

En effet, il arrive souvent que la discussion, la manifestation, la remontrance avait mal calculé les proportions de la lutte. Elle pouvait circonscrire sa résistance dans les limites d'une opposition calme et modérée; mais, soit que sa stratégie ait été inhabile, maladroite; soit que, derrière son calme de bonne foi, se cache une fureur sauvage, qui la pousse en avant, comme instrument débonnaire d'une haine ou d'une vengeance; soit enfin que les chefs de cette manifestation, paisible en apparence, ne la produisent sous cette forme que pour trouver, dans la moindre opposition qui surgit, le prétexte d'une guerre civile; la conséquence est que l'arène est ouverte, que la lutte s'engage, que le sang coule; et le pouvoir fort, qui réprime, a trouvé dans ce combat le droit d'être rigoureux.

Alors, un gouvernement arrive à une de ces époques qui peuvent être précieuses, selon l'usage qu'il voudra faire de son triomphe.

En effet, dans ces moments-là, que l'on appelle du nom qui leur est propre, à ces époques de transition, la société attend.

Ceux qui s'étaient révoltés s'arrêtent; ceux qui ont remporté la victoire de l'ordre sont tout-puissants.

Les insurgés vaincus sont donc entre les mains des gouvernements vainqueurs; et ce que ces derniers demanderont deviendra loi.

VII.

Que fait le gouvernement vainqueur?

—

Il doit arriver de deux choses l'une :

Ou bien les gouvernements, modérés parce qu'ils sont forts, examineront froidement les questions qui ont été, en partie, les causes premières de la révolte : la force devrait toujours donner l'équité, cette probité du pouvoir.

Le gouvernement qui suivra les inspirations de l'indulgence ne tardera pas à gémir, tout le premier, des déplorables infortunes de ces classes ouvrières, vouées à la misère et à la rébellion. Il se sentira le cœur ému ; et, faisant appel aux classes heureuses, il obtiendra d'elles quelque concession, fraternellement abandonnée par ceux qui jouissent à ceux qui souffrent.

Ou bien les gouvernements, irrités, et par conséquent faibles, même dans leur victoire, voudront abuser de la force matérielle et bru-

tale qui les a sauvés du péril. Alors, ils met-
tront une certaine jactance dans la répression;
ils évoqueront des lois inutiles; ils irriteront
la foule; ils perdront, chaque jour, et peu à
peu, les partisans qu'ils avaient trouvés dis-
posés à s'associer à leurs efforts contre les
factions; et la société se trouvera divisée
ainsi :

Un gouvernement, colosse aux pieds d'ar-
gile, mettant au dehors tout le luxe de ses ressources pour masquer l'inanité réelle de sa
puissance;

Des esprits irrités, furieux, pleins de haine,
se tenant provisoirement à l'écart, et là, pré-
parant sourdement une lutte terrible, sanglante, sans calcul, sans objet, ou plutôt
n'ayant qu'un but, un seul, de briser tout sur
leur passage, de renverser les choses les plus
sacrées, parce qu'elles font corps avec le principal obstacle au progrès et à la liberté ;

Puis, au centre, un élément inerte : des in-
différents, des esprits las de révolutions, vi-
vant au jour le jour, sans confiance dans le
pouvoir, sans sympathie pour les ennemis du
pouvoir; laissant faire les gouvernants et laissant passer la révolte; spectateurs presque

désintéressés de la lutte ; et ne se réveillant de leur torpeur que pour applaudir sans examen, non pas au triomphe du droit, mais au triomphe de la force.

De ces deux hypothèses, celle qui doit être accueillie par les gouvernements, c'est sans contredit la première.

Nous la prenons pour base : c'est de ce point de départ que nous examinons la forme de notre société actuelle. C'est en vue du progrès sincèrement admis comme le but des efforts humains, que nous discuterons sur la force et sur la faiblesse de notre société dans tous ses ordres, et dans sa forme démocratique la plus désirable.

CHAPITRE DEUXIÈME.

DE LA SOCIÉTÉ POLITIQUE FRANÇAISE.

VIII.

Examen de la société moderne.

Nous voulons parcourir rapidement et sans passion les divers degrés de notre société moderne; dire aux classes supérieures ce que sont les classes inférieures (et nous n'employons ces termes que pour obéir à l'usage); dire aux classes inférieures quelles sont les imperfections et aussi quelles les qualités de ces classes qui leur paraissent haïssables, malgré tout le bien qui émane de ceux que l'éducation a rendus aptes aux grandes choses, et à cause du mal qui résulte de l'oisiveté ou de la dureté de certains hommes que la fortune a placés par erreur tout en haut de sa roue.

IX.

Faits personnels.

—

Quand on fait publiquement un pareil examen, il convient de se faire connaître :

Lorsque la révolution de Février éclata, je vivais solitaire, attristé depuis bien des années par le spectacle de la décadence imminente de nos institutions.

Dieu, qui donne aux hommes leur place, avait assigné la mienne non loin de ce parti politique qui, depuis 1830, gouvernait mon pays.

J'avais une grande déférence pour les hommes de ce parti. Un commerce de relations bienveillantes m'avait appris à en aimer plusieurs, à me sentir la force de les défendre contre ces calomnies dont le moule n'est jamais brisé dans la main des ennemis politiques, — calomnies qui flétrissent toujours et périodiquement ceux que la roue place en haut, dans les régions du pouvoir, ces régions qui sont comme les nuages que l'on aperçoit dans les temps d'automne, brillant aux mille reflets du soleil couchant, figurant des trônes, des forteresses crénelées, prenant les mille formes de la force humaine... Pauvres et factices flocons de vapeur, que les vents dispersent comme les révolutions les trônes.

J'ai cru (renfermant dans mon âme le sens profondément enraciné de l'idée démocratique) (1), j'ai cru que l'ère républicaine n'était pas arrivée;

Que mon pays, ma France, que j'aime comme un enfant sa mère, n'avait pas la force, la sève nécessaire à l'organisation de cette magnifique puissance de la République, qui, selon moi, expression souveraine de la volonté générale, est bien réellement la puissance émanée de Dieu : — *Vox populi, vox Dei.*

Cependant la révolution éclatait. Je l'avais pressentie peu de temps avant le 24 février : voici à quelle occasion :

----

(1) Voir Introduction du *Droit Anglais*, par M. Laya, publiée en 1844, page 12 et suiv.

Depuis près de deux ans, je devais à la bienveillance d'un ancien ami une position qui me
permettait d'écouter de loin, sans passion,
m'occupant à me faire une carrière indépendante, le bruit des choses politiques : je diri-
geais une usine. Je le faisais, par hasard : moi
que ma vie, mon éducation, le nom que je
porte, avaient destiné à des travaux de la pensée, je me voyais, sans fortune, sans patrimoine, obligé de tenter de trouver, dans le
lucre d'une entreprise industrielle honorable, le droit de venir plus tard m'asseoir dans
le centre de la société où mon éducation devait me placer, d'où ma pauvreté m'éloignait.
(Je n'y voulais pas d'autre place que celle de
l'indépendance.)

A cette vie solitaire et laborieuse, occu-
pée, d'une part, à des détails de commerce,
vouée, d'autre part, à une méditation profonde,
je devais de suivre de loin le spectacle des
misères d'en haut, les pauvres et misérables
intrigues d'une administration qui tombait;
puis, j'y devais aussi d'être placé tout auprès
de la classe ouvrière, de voir les besoins de
ces hommes qui sont voués aux souffrances
en travaillant au bien-être matériel de la

société ; et quelque chose de poétique venait souvent exalter ma pensée et lui donner, comme à l'improviste, une certaine préscience qui avait toute la puissance d'une révélation.

J'habitais, en décembre 1847, un vieux château féodal tout plein de souvenirs religieux, l'ancienne demeure des évêques d'Orléans, situé dans une petite ville qui avait été, bien à son insu, comme le berceau de la littérature française : c'était là que Jehan de Mehun avait écrit le *Roman de la rose*. Après une journée passée à une lieue de cette résidence, dans cette usine dont je surveillais les intérêts, je revenais au château, et, quand j'étais rentré dans une de ces grandes et solennelles retraites, féodales par la forme, quand je me promenais dans une grande salle déserte, à cintres élevés, où mes pas, retentissants et solitaires, rappelaient le pas de quelque garde du moyen-âge veillant au repos du despotisme, alors il me semblait entrer dans un monde mystérieux, inconnu. J'en appelle à tous ceux qui se sont trouvés quelquefois dans un des vieux manoirs de la Bretagne : quelle impression a faite sur leur âme ce silence des voûtes sombres, qui ont une voix, un souffle, murmurant à leur oreille une langue expressive, quoique inarticulée? Si, dans leur vie de touristes, ils ont éprouvé quelque sensation secrète qui les a fait croire à un monde mystérieux, je leur demande quelles durent être mes émotions lorsque, pendant plusieurs mois, triste, mélancoliquement tourné vers un horizon qui se rembrunissait, aimant à me plonger dans l'étude des lois de mon pays et d'un pays voisin, j'écoutais l'avenir dans ce vieux domaine sibyllin, qui m'écrasait de sa solennité, de sa grandeur!

Alors, j'en suis sûr, j'acquérais parfois une puissance d'observation dont personne n'était confident, mais qui cependant, dans quelques circonstances, se révélait soudainement comme une prophétie.

Un jour, c'était au commencement de janvier 1848, je me promenais dans le grand parc, et, ce jour-là, je n'étais pas seul. Le propriétaire du château, homme droit, plein d'une rare et exquise distinction, mais placé, depuis son enfance, dans un monde qui voit le peuple de trop haut pour croire que ses misères cachent quelque grandeur, se promenait avec moi. Nous avions aussi pour compagnon le maire de cette ville, et nous devisions tous les trois sur la situation du moment. On discutait alors l'adresse, cette fameuse adresse de 1848, qui exprimait un outrage contre les adversaires du cabinet Guizot. Je combattais l'opinion de mes deux interlocuteurs, qui approuvaient l'adresse ; et le propriétaire du château, dévoué à la politique du cabinet, mettait une certaine vivacité dans sa polémique.

Ces deux messieurs, confiants comme tant d'autres alors, marchant les yeux bandés à travers les périls qui les entouraient, se mirent à se récrier très énergiquement, parce que je risquai, comme dénouement à la crise, un changement de ministère. Je proposais, avec une extrême timidité, le nom de M. Thiers !... Ce fut alors un cri, une stupéfaction, un étonnement tellement expressifs, que ma patience se lassa...

La conversation s'animait, et tout à coup je me sentis saisi, transporté, comme par une inspiration impérieuse ; et je m'écriai : « Vous êtes étonnés !... O mon Dieu, fasse le Ciel, pour vous, pour vos amis, pour vos illusions, que M. Thiers soit possible !... Mais vous avez raison, il ne le sera pas. Vous n'y voyez plus ! vous êtes aveugles... Rappelez-vous ce que je vais vous dire : Dans un mois, toi, tu ne seras plus député; vous, vous aurez cessé d'être maire de cette commune ; et M. Guizot, et le roi Louis-Philippe, et tout ce qui est, tout ce que vous admirez, tout cela, messieurs, soyez-en sûrs, je le sens, je le vois, tout cela sera brisé ! »

L'accent avec lequel je prononçai ces paroles avait quelque chose de si impérieux, qu'elles furent les derniers mots de notre conversation.

Le soir, je retournai, triste et pensif, à l'usine ; et, quand j'entrai dans une petite maison commune que j'avais instituée, mes ouvriers étaient rangés autour d'une grande table et lisaient : les uns, Irlandais, l'Evangile ; les autres, Français, la *Réforme*. Un d'eux s'approcha de moi, et, comme il me connaissait depuis longtemps, il m'ouvrit son cœur :

« Croyez-moi, monsieur, me dit-il, ça ne va pas bien à Paris; avant peu, toute la *boutique* sera renversée ! »

J'ai su depuis que cet ouvrier faisait

partie de la *Société des Droits de l'Homme.*

Un mois plus tard, la révolution de Février éclata. Il y a de cela plus de deux ans, et la République existe.

X.

Situation des partis en France.

—

Examinons dans quelle situation se trouve la société française, depuis que la forme du gouvernement républicain a été proclamée et adoptée.

Le sentiment qui domine une âme franchement républicaine est la volonté de juger sans passion. Il faut mettre une certaine lenteur dans l'appréciation des choses ; et, comme le disait Washington, l'examen lent et modéré conduit à la certitude. (*Slow and sure.*)

La société française est sous nos yeux :

Evidemment, les éléments qui la composent sont si divers, les nuances si disparates, qu'il y a grand risque de se laisser éblouir ou de se laisser aller à une déplorable confusion, si l'on se propose de composer une société selon les préjugés ou les intérêts des partis.

Il est important, nécessaire, de ne pas se passionner dans cette étude de l'organisation sociale.

Il faut se tenir en garde contre l'entraînement des partis ; et, si grand qu'en soit le nombre, il faut s'abstraire, s'isoler, pour arriver à examiner s'il est possible de faire une France politique, comme on a fait une France territoriale.

C'est le travail de 1789 qui a pour but, non plus l'unité des intérêts matériels, mais l'unité des intérêts politiques et sociaux. C'est la seconde partie de la tâche que les constituants de 1789 se proposaient d'accomplir.

Est-ce possible? Oui, si l'on est décidé à se concilier.

Est-i possible d'arriver à cette conciliation? Oui, par le travail nécessaire du temps, qui affaiblit les passions, par la volonté ferme de n'agir que dans un seul but, le bien du pays ; par l'inspiration toute puissante d'un sentiment, l'abnégation complète de soi-même.

XI.

De la légitimité et des légitimistes.

—

Mais, avant d'examiner si la société française peut arriver à prendre une forme démocratique ; avant de prouver que c'est là sa fin nécessaire, souveraine, abordons tout de suite la difficulté la plus sérieuse : celle du principe de la légitimité.

Là se trouve le plus formidable obstacle des temps actuels. Là vit encore la passion, le fanatisme : passion contenue, il est vrai ; fanatisme concentré, s'inspirant par le sentiment intime plus que par l'entraînement irréfléchi, sorte de religion qui a survécu au milieu du travail de l'incrédulité philosophique ; vieille tradition au milieu des innovations de l'esprit moderne ; culte des ruines au milieu des coups de sape donnés dans les restes du passé.

Comment parvenir à faire tomber l'éclatant édifice de tant de siècles, les souvenirs de famille, chaîne de saintes traditions qui se résument dans cette formule : *Noblesse oblige?*

Dans ce travail des libertés publiques d'une part, et des luttes monarchiques de l'autre, voyez ce que les preux de l'ancienne monarchie ont fait depuis vingt ans!

Depuis vingt ans, les légitimistes semblent avoir abdiqué.

Ceux d'entre eux qui avaient émigré pendant la Révolution de 1793 ont rapporté, en revenant en France, toutes leurs illusions, et, comme on l'a dit avec tant de justesse : *Ils n'ont rien appris et rien oublié.*

Les gloires de la France, les vestiges de la grandeur du pouvoir impérial, l'organisation des institutions civiles et administratives, œuvres de leurs ennemis, ne pouvaient qu'exciter instinctivement dans leurs âmes l'envie et le dénigrement.

Ils ne virent pas qu'un principe de force réelle s'établissait dans cette France, que l'autorité de l'Empereur avait reconstituée; et que la liberté, qui est d'instinct français, se trouvait réglée, tempérée, maintenue sous le joug du pouvoir napoléonien. Ils ne virent pas que, sous ce joug même, la liberté de la pensée posait ses bases ; et, tout en profitant de cette organisation toute puissante, les légitimistes, au pouvoir, heurtèrent de front l'instinct national, soit parce qu'ils s'appliquèrent à détruire la force par la calomnie, soit parce que, gênés par la marche de l'esprit humain, ils imposèrent des entraves aux progrès que les révolutions avaient réalisés.

Etrangers depuis longtemps à la patrie, les émigrés avaient puisé sur le sol des nations qui s'étaient liguées contre elle une sorte d'aversion, qui n'était affaiblie que par le sentiment égoïste que leur inspira la rentrée en possession de leurs domaines. Ils avaient abandonné la France ; ils n'étaient pas morts au pied de l'échafaud de leur roi ; ils avaient trouvé des armes contre le sol de la patrie ; et quand la France, lasse de ses luttes, ne sachant plus à quelle espérance se vouer, traquée de toutes parts, épuisée de sang et d'argent, fut forcée d'ouvrir ses portes aux rois absolus de l'Europe, qui ramassèrent une famille pour relever un drapeau d'absolutisme ; alors, les émigrés, retrouvant leurs biens, revinrent, reparurent, rapportèrent dans leur pays étonné les éléments d'une révolution certaine , dont on put calculer facilement la date, aussitôt que la lutte fut engagée.

A partir de 1815, et pendant quinze années, *le vieux despotisme* trouva des adversaires redoutables, *les vieux libéraux*. Les nciens émigrés, représentants des principes absolus, crurent devoir livrer une bataille, malgré les conseillers qu'ils avaient pris parmi ceux d'entre eux qui avaient échappé aux sanglantes représailles de la révolution et aux coupes réglées de l'empire, et comme l'instinct populaire donnait des partisans aux vieux libéraux, les légitimistes émigrés furent renversés.

Que firent-ils de 1830 à 1848 ?

Les uns se tinrent à l'écart ; se contentant d'entretenir dans leur âme le culte d'une idole renversée, le sentiment de traditions stériles, et se redisant à eux-mêmes et à leurs descendants la patenôtre sans écho de ce qu'ils nommèrent *la légitimité*.

Les autres, plus positifs, et préférant la pratique à la théorie rêveuse, s'élancèrent bravement dans la lutte, en appuyant leur

foi sur un parjure, voilé d'ailleurs de restric-
tions mentales ; et se livrèrent, dix-huit années durant, à la conspiration d'un double
mensonge, prêtant à la dynastie nouvelle-
ment couronnée un serment qui ne leur servait que de passeport au parlement, et tra-
hissant cette foi assermentée, et la foi de
leurs pères, en se livrant pieds et poings liés
à des républicains qu'ils poussaient dans les
élections, et avec lesquels ils complotaient
dans les sociétés secrètes.

Si le fétichisme des premiers n'avait rien
de dangereux, la propagande des autres qui,
pour renverser l'établissement de 1830, exaltaient les esprits en promettant le suffrage
universel aux démocrates, préparait la ruine
du gouvernement de Louis-Philippe : c'était
un appoint considérable offert par les descendants de saint Louis aux descendants de Ro-
bespierre et de Babeuf, car ils se démocrati-
sèrent de toutes façons, pour s'unir aux ennemis du trône de Juillet.

Restait avec eux, au milieu d'eux, mais
livrée à un *farniente* calculé à plaisir, une
jeune génération, ardente, et qui pouvait regretter de se sentir plongée dans une sorte

de léthargie, en ne participant pas au maniement des affaires publiques, ou dont les instincts aristocratiques ne s'arrangeaient pas de
cette promiscuité de conspirations démagogiques, qui répugnaient à son éducation, à son
origine, à sa conscience.

La jeunesse dorée du parti légitimiste fut
donc écartée tout exprès du courant général
des affaires ; elle fut réduite au rôle de rois
fainéants.

Elle se confina ou plutôt fut séquestrée dans
ses terres patrimoniales ; elle chassa, dormit,
chassa de nouveau, se mit à vivre de la vie
oisivement luxueuse du château, persiffla les
hobereaux de la cour bourgeoise de Louis-
Philippe, et ne fit rien.

XII.

Du parti catholique.

Quelques jeunes hommes appartenant à la
noblesse de France, las de cette vie oisive,
trouvèrent enfin une diversion à cette abdica-

tion qui leur était imposée. Ils se rattachèrent au mouvement des affaires par la religion, et, leur âme s'exaltant par l'espérance de libertés publiques dont la religion serait la base, ils créèrent un parti politique sous le voile de la religion, *le parti catholique*.

Ce fut là une habile pensée :

Sous prétexte de religion, ils pouvaient se mêler de juger les affaires, de combattre la politique qui était contraire aux sentiments de leurs familles, et tout à la fois se rendre populaires, en relevant, aux yeux des masses, le drapeau de l'Évangile, cette sainte formule de la démocratie universelle.

Sous prétexte de religion, ils triomphaient des scrupules de leurs familles, qui voulaient les condamner à l'abstinence politique.

Aussi, qu'est-il arrivé ?

Le temps, qui marche, a classé les légitimistes comme il suit :

Il n'y a plus rien à craindre des anciens émigrés.

Leurs descendants seuls sont prêts à soutenir la lutte.

Les uns, sans expérience, sans instruction, mais bercés d'illusions, ayant accepté les éléments du droit divin comme la loi de leur vie, écartés longtemps du mouvement des choses et des hommes, dans des manoirs tout pleins des souvenirs de leurs aïeux, ayant une croyance sans analyse, sont tout prêts à se lancer dans une nouvelle croisade pour faire triompher des principes traditionnels : *Dieu et le roi !* voilà leur cri, leur devise; le siècle où nous vivons n'est pas pour eux le XIXe siècle, c'est toujours le siècle de Louis XIV : ils ne sont pas les citoyens d'une République française, ils sont les preux de la monarchie du bon plaisir. Dangereux par leur position matériellement puissante, par le nombre des paysans qui vivent de leur fortune, par leur ignorance, source ardente d'un fanatisme irréfléchi, les jeunes légitimistes de l'aristocratie foncière se jetteront à corps perdu dans toute guerre civile qui aura pour fin la restauration du trône des Bourbons, le rétablissement de la féodalité.

Ceux-là sont tout prêts.

Les autres, ceux qui se sont mêlés aux affaires depuis vingt ans, ne se soucient de la monarchie des Bourbons que parce que la domination cléricale, qui est la fin de leurs efforts, n'a de base possible que sur un établissement monarchique de droit divin.

Le lendemain d'une pareille restauration, les catholiques s'improvisèrent, au nom de l'Évangile, les chefs d'une opposition très décidée, pour servir leur ambition : car ils aspiraient à se faire passer pour les républicains les plus purs en dissimulant le pouvoir caché de l'autorité cléricale, et en continuant à employer leur immense talent à combattre en pratique ce qu'ils exaltaient ne théorie.

Prenant la société dans son élément d'organisation le plus actif, dans l'enseignement, ils proclament le mot de *liberté* pour appliquer le mot *esclavage*.

Ils ne seraient pas plus tôt en possession de tout enseigner, de tout lire, de tout dire, qu'ils laisseraient leurs agents d'instruction recommencer leur propagande d'obscurantisme, dénaturer l'histoire et la vérité, réprimer l'essor du génie humain, au lieu de lui donner carrière.

Pour eux, la cité c'est l'Église, rien que l'Église ;

La religion c'est l'ascétisme ;

La liberté c'est la discipline.

Quand un démocrate, sincèrement religieux, dit et prouve qu'il croit la religion nécessaire et l'amour de la patrie indispensable, le parti catholique tourne les yeux vers Rome, et ne place le drapeau de la France que sur le dôme du Vatican.

Ce parti n'est donc pas légitimiste pur, puisqu'il repousse les institutions féodales comme étant en contradiction flagrante avec les principes sacrés de l'Évangile ;

Il n'est pas chrétien pur, puisque sa loi suprême est la domination du clergé, ce qui est le contraire de l'humilité chrétienne; il est catholique et tout à la fois monarchique, non par conviction, mais par ambition. Nés dans un milieu où les vieilles traditions de la monarchie et de l'Église les ont bercés, les catholiques ont été entraînés, pour sortir de la léthargie à laquelle on les condamnait, dans le tourbillon des idées modernes ; ils ont emprunté à leur position naturelle l'élément de force nécessaire pour constituer un parti dans l'État.

Cette habileté les a rattachés forcément au mouvement général des idées et des affaires.

Sans doute, si ces hommes du parti catho

lique n'avaient d'autre but que l'amélioration des races humaines par le sentiment religieux, si les véritables principes de l'Évangile étaient leur base, aucun parti ne mériterait d'exercer sur l'humanité plus d'influence : quoi de plus propre en effet à faire régner sur terre l'empire de la démocratie ! quoi de plus puissant sur les âmes que ce pouvoir descendu d'en haut pour régler les choses de ce monde ! Mais, sous prétexte de religion, le parti catholique évoque tout de suite les anciennes traditions des luttes religieuses ; et bientôt une haine sourde, implacable, vient animer des âmes qui ne se préoccupent que d'une foi : la domination.

Sous l'apparence d'une douceur évangélique se lève un obstacle d'airain ; et, quand la liberté, fille de l'Évangile, s'approche fière, aux franches allures, l'œil brillant d'espérance, l'implacable résistance des fanatiques sourit ironiquement, se retranche féodalement dans ses refus, ne relâche aucun lien, hérisse les pointes de ses mains de fer, et répond à la liberté qui l'implore pour marcher dans sa grandeur et dans sa foi : *Non possumus !*

Mot terrible ! mot qui ne laisse plus la

moindre lueur d'espoir ! mot qui devrait s'ins-
crire devant la porte de l'Église dominante, à
la place du mot de Dante devant la porte de
l'enfer, expressif au delà de toute pensée, et qui
enchaîne l'effort humain dans les anneaux du
despotisme clérical ; qui veut dire, non pas :
«Ce que vous demandez n'est pas légitime ; ce
à quoi vous aspirez est illusoire ; ou bien :
nous voudrions condescendre à vos vœux,
transiger avec vos desseins, vous faire de généreuses et loyales concessions ! » Non, ce
mot d'airain veut dire : « Nous ne pouvons
rien ! vos efforts, vos prières, vos humilités,
vos aspirations, vos souffrances, vos cris, vos
angoisses, vos droits, vos siècles de travail,
vos œuvres de génie, tout cela n'est rien !
Nous avons écrit dans un livre mystérieux,
règle souveraine et sombre de nos volontés
immuables, un mot avec lequel nous ne
transigerons jamais. Rien ne peut contre ce
mot. C'est pour le triomphe de ce mot : *Non
possumus* que nous avons inventé les voûtes
de nos cachots, le mutisme de nos Ponts-
des-Soupirs, l'eau sans fond de nos lagunes,
l'étouffement des cris d'éprouvés, le surplis
noir qui couvre les yeux de nos inquisiteurs,

nos chevalets, nos eaux mystiques, nos sala-
mandres, nos mains inconnues qui trahissent
tant de secrets, tout l'arsenal de nos rigueurs, toutes les combinaisons de nos pro-
blèmes impénétrables, mille existences d'hommes vouées au travail, à l'abstinence, à l'ascétisme, à la mort physique et morale, les
mille édifices où s'enfouissent d'intarissables
richesses, nous avons inventé tout cela pour
un mot... *Non possumus!*

» Enfants, qui voudriez lutter contre tous
ces obstacles... Assez! Ne voyez-vous pas que
vous nous prêtez à rire? Ne voyez-vous pas
avec quelle aisance nous pouvons vous jeter
les miettes de quelques promesses spécieuses?
N'apercevez-vous pas, du plus bas que vous
êtes placés, nos hauteurs, notre immense et
invincible domination? Avez-vous assez de patience pour dénombrer tout ce qui, hommes,
femmes, enfants, vieillards, est là, palpitant
sous notre main, obéissant au souffle de notre
vouloir, et, jouets de nos desseins, se prêtant
capricieusement, par le seul entraînement
de leur généreuse et confiante nature, à la
tactique pleine de combinaisons infinies que
nous tenons entre nos mains?

» Eh quoi ! vous avez la prétention, impuissants, isolés que vous êtes, de nous résister ? Vous nous demandez une concession, un peu de bon vouloir ! Allez ! vous n'aurez rien... NON POSSUMUS ! »

Tels sont les hommes qui cherchent à triompher des consciences humaines, en se servant du mot de religion, qui entre si volontiers dans l'essence pure et inspirée des âmes, et en faisant résonner aux oreilles trompées ce son bien aimé, cet espoir bien venu, la liberté !

Ainsi se décompose ce grand parti qui tient entre ses mains le territoire, et sous le joug de sa pensée les consciences de notre pays.

XIII.

Des libéraux.

—

A côté de ces dominateurs de monarchie et de fausse religion, il s'est révélé, depuis le commencement de ce siècle, un autre parti soi-disant monarchique, et qui nous présente un caractère bien curieux à observer, sous le point de vue de la psychologie politique française.

Quand Napoléon renversa, du revers de sa main, les hommes qui avaient voulu remplacer le gouvernement brutal et fatalement logique de la Convention par un gouvernement bâtard, qui n'avait de principes que ceux du hasard, un petit noyau d'opposition se forma au dedans, et surtout au dehors du pays.

La gloire impériale, absolue et décidée; la noblesse impériale, d'origine si imprévue; le décret impérial qui constituait, tout d'un coup, un Charlemagne pour briser le passé historique de la France monarchique, parurent aux hommes du passé de merveilleux griefs pour attirer vers eux, en promettant un établissement nouveau, des hommes fatigués de l'empire, et des démocrates qui préféraient une charte à des constitutions autocratiques.

On pactisa, et l'on forma un parti que l'on appela le parti *libéral*.

Ce qui n'est que factice est faux; et ce qui est faux est destiné à être ébloui, aveuglé, absorbé par les lumières de la vérité.

Ce parti, faux dans son essence, multiple dans ses formes, sorte de macédoine d'opinions, de sentiments, de systèmes, de fantaisies, se forma cependant avec une certaine apparence de durée.

L'autocratie exerce une double action : D'un côté, elle fait des prosélytes par vanité, par ambition, par jouissances égoïstes; de l'autre elle éloigne les penseurs, les philosophes, les âmes d'élite, qui veulent se mouvoir avec une généreuse indépendance : c'est ce qui advint de l'empire.

Le parti libéral s'organisa : un homme d'un rare mérite, d'une ferme intelligence, sachant parfaitement vers quel but il marchait, éclairé par les malheurs de sa famille décimée, observateur plein de raison du mouvement général des idées, le comte de Provence devint le point de mire des amis de la liberté : il trouva des hommes assez ennemis du pouvoir impérial, qui négligeaient ou dédaignaient peut-être leur valeur individuelle, et assez ambitieux pour ne pas reculer devant une conspiration ayant pour but la restauration d'une race monarchique par la force des baïonnettes étrangères.

Louis XVIII et les Bourbons revinrent appuyés par un pouvoir qui ne pouvait exciper de l'adhésion de la France; et du jour même où les Bourbons se déshonorèrent en rentrant dans leur patrie à la suite de l'étranger, il se trouva que la lutte impatiente des deux éléments contraires de la restauration, c'est-à-dire du despotisme et du libéralisme, commença.

Ce parti libéral présente le mécanisme le plus curieux à observer. Ses rouages sont un modèle d'intrigues, de petites menées, de combats intérieurs au profit tantôt de la liberté, tantôt de la répression.

S'il a la fantaisie d'être généreux ; il l'est avec une économie craintive et parcimonieuse ; ce qu'il donne d'une main, il le retire de l'autre.

La liberté, qu'il invoque, sur laquelle il compte, arrive-t-elle, le parti libéral s'effraie. Il l'aime pourtant, mais il l'aime à distance : sa voix, ses allures, sa démarche vive et hardie, son courage, son entrain, le parti libéral, menacé, s'empare de tout cela, pour arriver à ses fins. Il l'oppose avec un sans-façon tout confiant à l'absolutisme ; il en fait le bélier de siége contre un ministère de résistance ; il s'en proclame le patron jusqu'au jour de son triomphe.

Puis, une fois au pouvoir, il se hâte de réduire son Dieu au rôle d'homme ; il lui prêche la modération, le calme, l'ordre, c'est-à-dire la soumission, la sujétion, l'obéissance. A la pensée, il impose le frein ; à la liberté individuelle, il fournit les menottes ; le progrès, il l'enserre dans les mailles infinies d'intrigues qui sont devenues son seul moyen de gouvernement. Comment peut-il en être autrement ? Le parti libéral est trop ami de la liberté pour oser être despote, il craint trop le progrès pour oser être démocrate : de sorte qu'il joue sans cesse un rôle double ; de sorte que ses allures sont forcément gênées et contraintes ; c'est, qu'on nous passe le mot, le *ni chair ni poisson* de la politique.

Aussi, le vieux libéralisme ne pouvait-il être et ne fut-il qu'un moyen de transition à la démocratie.

Les chartes de 1815 et de 1830 ont été deux formules de transition entre les institutions impériales, qui ne pouvaient plus peser sur la France, et les institutions républicaines, qui devaient être réglées par la raison, l'étude et le temps.

De sorte que, depuis trente ans, la France

a dû essayer le système bâtard de deux mo-
narchies, qui ne pouvaient êtremonarchiques,
puisque l'organisation même de ce pays était
essentiellement fondée sur des éléments démocratiques, puisque les institutions qui forment l'essence même d'une monarchie, c'est-
à-dire le droit d'aînesse, la propriété féodale,
les majorats, étaient effacées du texte même
de nos lois constitutives.

XIV.

Division nécessaire dans le sein du parti libéral.
— Des vrais libéraux.

Dans le sein même de ce parti du vieux libéralisme, il se manifesta bientôt une division en deux partis distincts :

L'un, attaché aux traditions des libertés
publiques dont 89 avait posé le germe, voulut, sans se préoccuper autrement de la forme
bâtarde qu'affectait le gouvernement de nos
affaires, défendre la Charte des libertés pro-
mises contre un despotisme envahissant.

Lutte pleine d'incidents curieux! C'est le

combat perpétuel des rigueurs de l'absolutisme avec les concessions d'une liberté qui
s'efforce d'être généreuse. Aussi, la loi impérieuse de la raison s'élevait pour détruire,
dans un temps plus ou moins éloigné, ces
chartes constitutionnelles, où l'on avait posé
comme but la pondération des pouvoirs,
sous laquelle se cachait, sans beaucoup de
mystère, l'éventualité nécessaire de graves
conflits. Pourtant, le vieux libéralisme, honnête et crédule, s'imaginant que l'équilibre
était possible, disant très haut cette grosse
énormité, à savoir : que le gouvernement de
l'Angleterre était applicable en France, assertion grotesque et qui ne supporte même
pas l'examen, le vieux libéralisme défendait
les dieux lares des libertés publiques avec
beaucoup d'ardeur et de foi.

Il eut ses beaux jours : ses *adresses des* 221,
ses *comptes-rendus*, ses *démissions*, ses tournois oratoires sur la *classe moyenne* ; il eut
ses philosophes, ses Benjamin Constant, ses
Royer-Collard, ses Odilon Barrot.

Il soutint une lutte courageuse; et peut-être,
si l'on eût, de temps en temps, suivi ses ex-
cellents et patriotiques conseils, peut-être le

gouvernement bâtard de la charte aurait duré quelque temps encore.

A la suite de ce parti, le représentant du droit et du juste, le défenseur consciencieux, quoique illogique, de constitutions boiteuses et impraticables, se constitua un parti qui, pendant plus de vingt ans, a tenu la France dans les chaînes d'une crédulité complète sur ses intentions libérales et protectrices. Ce parti, qui a reçu plusieurs noms, doctrinaire, juste-milieu, conservateur, n'a jamais pris le souci sérieux d'avoir un système logique et déterminé.

Il a poursuivi toujours, avec une ardeur infatigable et une merveilleuse souplesse, le succès, la satisfaction de ses vanités. Il n'a jamais été libéral que par ambition et non par goût. Il a voulu toujours et avant tout dominer : *Omnia serviliter, pro dominatione.*

C'est à ce parti, dont l'intrigue est le moyen, que la France a dû les deux révolutions qu'elle a accomplies, en 1830 et en 1848.

XV.

Du parti doctrinaire.

—

Le libéralisme de ces hommes d'État n'est pas sincère. Il dépend uniquement de la situation où ils se trouvent. Au pouvoir, ils oublient leurs principes, pour évoquer les lois répressives, dont l'application leur paraît le seul moyen de gouvernement. S'ils tombent, ils se mettent en quête d'une faute commise par ceux qui les ont remplacés ; et, s'emparant avec une merveilleuse habileté, une prestigieuse éloquence de l'erreur découverte, ils marchent bravement, cette arme en main, à la conquête d'une popularité défaillante.

Les masses sont indulgentes, oublieuses, dans notre pays : cette tactique réussit presque toujours. Le cabinet est attaqué par les doctrinaires ; tous les moyens sont bons pour le saper dans sa base ; et la bascule, qui toujours est mise en mouvement par les oscillations de l'intrigue, porte les assaillants en haut et les remet à la place de ceux qu'ils ont fait redescendre.

Pendant trente ans, la France a été l'arène de ces jeux de bascule politique.

Les huit dernières années du gouvernement de Juillet ont présenté à l'étude de l'observateur le spectacle le plus curieux de ce que peut être un État reposant sur une autorité factice, sur une force superficielle ; c'était le corps de l'homme qui paraît être dans la plénitude d'une superbe santé, et qu'un anévrisme, en se rompant un jour, frappe du coup mortel.

On a dit souvent, depuis la révolution de Février, que si la force armée s'était mise en mouvement, la République n'eût pas été proclamée ; que les esprits ont été forcés d'accepter cette forme de gouvernement par surprise ; qu'il suffisait d'un coup de main pour arrêter le progrès de cette révolution spontanée, imprévue, foudroyante.

Il n'y a qu'une réponse à cette allégation, faite de nos jours avec une assurance qui ne se produisait pas si carrément il y a deux ans : c'est que les amis du roi, ses anciens ministres qui venaient de se retirer et ceux dont il venait de réclamer le concours, les généraux les plus dévoués à sa personne, les députés qui se proclamaient depuis long-temps *conservateurs*, et qui n'ont, ce jour-là, conservé que leur nom , ont témoigné, le 24 février 1848, pour le Gouvernement établi, d'une telle indifférence, qu'on a dû croire qu'il leur a paru plus curieux d'essayer du hasard que d'employer la force pour se défendre.

Voilà pour les protecteurs de la Royauté.

A côté de ces vaillants champions, tout interdits, et à qui la consternation enlevait le courage, qu'y avait-il ?

Un parti dégoûté, le tiers-parti ; un autre hostile, l'opposition ; un troisième formidable et ardent, les républicains ; enfin (et c'est là surtout ce qui a permis à la République de s'implanter avec son audacieuse volonté), une garde nationale dont on n'entendait plus parler depuis plus de cinq ans, qui n'avait avec les gouvernants aucuns de ces rapports nécessaires à la stabilité de l'Etat, en France, et qui, absente, indécise, sans foi pour les décevantes illusions au milieu desquelles on l'avait bercée si longtemps, sans goût pour les hommes, a tout laissé faire, s'en remettant au hasard du soin de sauver le pays.

Nous en appelons au souvenir des hommes de bonne foi : la révolution s'est faite parce que ceux qui avaient gouverné la France, et ceux qui étaient au pouvoir en 1848 avaient perdu, au jeu de leur ambition, l'influence qui eût été nécessaire pour composer une force assez énergique contre un parti fortement organisé, lequel n'attendait qu'une occasion pour proclamer la République. Sans foi dans un gouvernement qui ne se soutenait qu'à force d'intrigues, et dont l'organisation même, illogique, ne peut supporter un examen sérieux, tant est boiteuse et fausse dans ses principes une monarchie qui n'est ni populaire, ni aristocratique, ni oligarchique. La société accepta la proclamation de la République, sinon avec sympathie, du moins avec espérance.

XVI.

Des républicains et des instincts démocratiques de la
France. — Revue rétrospective.

—

Nous jugeons ici sans passion des hommes,
qui ont eu le plus grand rôle à jouer et. qui
ont compromis la plus sainte des causes.
Nous les jugerons avec impartialité.

On s'est beaucoup récrié sur les fautes
qu'ils ont commises : on a déjà oublié que,
du moins, ils n'ont exercé contre les hommes
du passé aucune représaille. Cette abnégation
aurait pu les protéger et inspirer quelque indulgence pour des fautes dont leur inexpérience seule les a rendus coupables.

Dès leur avènement au pouvoir, les républicains de la veille ont eu le vertige. Sans
aucun sentiment de la pratique des affaires,
ils ont été chargés tout d'un coup d'une mission délicate, d'une tâche lourde, écrasante,
que le talent et l'aptitude de plusieurs d'entre
eux ne pouvaient accomplir sans péril.

Et d'abord, le peuple qu'ils avaient à gouverner pouvait-il aisément s'assouplir aux formes libres d'un État démocratique? Selon nous, la France, en 1848, avait été graduellement amenée à prendre la forme d'un gouvernement républicain.

Examinons rapidement par quelles phases ce pays avait passé.

Si l'on suit attentivement le travail qui s'opère dans la société française depuis l'origine de la monarchie jusqu'à Louis XVI, on remarque l'abus du triomphe, et l'essai continuel que tente la royauté pour affaiblir ceux-là mêmes auxquels elle doit l'autorité. Forts de l'adhésion des classes inférieures, qui s'est traduite par un terme d'invention nouvelle, *la popularité*, les rois cherchent à renouer les liens que Louis XI a rompus avec une noblesse qui n'a plus qu'une autorité de richesse et de nom. La vanité enfante les distinctions. Le seul moyen qui permettait aux masses de présenter au souverain des réclamations de détail est déjà soustrait au peuple : les états-généraux s'assemblent rarement ; l'absolutisme remplace la transaction de la monarchie avec le tiers-état.

Avant l'affranchissement des communes, le

travail des familles féodales est simple, logique et grand. Se sentant l'égal du roi, le chef de famille dédaigne ce qui lui est inférieur et lutte bravement contre son supérieur ; mais, la féodalité une fois défaite, il s'opère une transformation subite dans les rangs de la noblesse : la résistance se déplace et passe au tiers-état ; la complaisance, l'obéissance, la bassesse, telles sont les clauses de la transaction qui intervient tout à coup entre la noblesse et la royauté, qui veut dominer à tout prix, et d'une façon absolue, malgré le tiers-état et les parlements rebelles. Le contrat est formé.

Le roi s'appuie enfin sur une noblesse abâtardie, qui s'est abaissée pour contenir et rendre muette une classe d'hommes libres, qui avait d'abord protégé la monarchie, et était devenue l'instrument de son triomphe. La noblesse, qui ne pouvait conserver que haine ou mépris pour le tiers-état, à qui elle devait sa déchéance féodale, ne demande pas mieux que de s'unir aux intrigues ou aux sévices de l'autorité monarchique. Elle y perd, sans doute, sa gloire, son sens moral, sa poétique domination ; mais elle y gagne des honneurs, des richesses, une luxueuse servitude. Elle secouait quelquefois les fers de la suzeraineté, qu'elle imposait toujours à des vassaux ; désormais, elle subit les chaînes dorées de la cour. La monarchie, depuis Louis XI, n'a qu'un but : dominer. Elle y emploie tour à tour son adresse ou son énergie, la corruption ou la force. La société française se composait alors de quatre grandes divisions distinctes :

1° La royauté, qui a réussi parce qu'elle s'est appuyée successivement sur les classes inférieures, à qui elle donnait l'émancipation et l'affranchissement, et sur la noblesse vaincue, mais encore influente par ses richesses, et à qui elle donnait, en compensation de sa dégénérescence, des honneurs et des dignités, pour voiler sa défaite et sa honte.

2° La noblesse, qui n'a qu'une force impuissante, ses souvenirs, comme si la gloire pouvait jamais être un patrimoine et se transmettre comme un domaine. Elle brillait à la cour, et cet éclat lui faisait illusion au point de passer à ses yeux pour de la grandeur.

3° Les parlements : là se trouvait réservé l'avenir de la liberté. Sous forme de remontrances, ces conseils de la nation, dépositaires des droits, rappelaient à tous leurs devoirs. Ils rappelaient que la couronne, qui triomphait par l'intrigue et la force, était l'obligée de ceux qu'elle cherchait à vaincre. La monarchie avait été sauvée par le tiers-état; la noblesse avait été pour jamais réduite à l'impuissance ; et si le triomphe de la première s'associait à la défaite de la seconde, cette coalition, faite pour irriter les classes inférieures, devait être pour celles-ci l'élément légitime d'une victoire isolée et définitive ; car il est évident que l'ingratitude de la royauté devait provoquer la guerre, et l'on n'attendait qu'une occasion pour que le problème posé fût résolu.

La lutte, commencée après la mort de Louis XI, compliquée d'une foule d'incidents nés des discussions religieuses, caractérisée par l'influence de la réforme, illustrée par les splendeurs du *grand roi*, décidée par les dilapidations financières, passa plus tard des mains des parlements qui la soutenaient sourdement, à celles des états-généraux, qu'il fallut assembler.

4° Enfin, le peuple, c'est-à-dire les bourgeois, les corporations, qui ne sont plus des esclaves, des serfs, des vassaux, mais qui font partie d'une nation qui va bientôt revendiquer son droit.

Nous disions tout à l'heure que c'était dans le sein des parlements que se cachait l'indépendance : c'est qu'en effet, en 1788, alors que Louis XVI, effrayé de la situation imminente qui annonçait la banqueroute, se décidait à les consulter, le parlement de Paris rendait un arrêt par lequel il déclarait : « que la France est une monarchie gouvernée par le roi, *suivant les lois*, et que de ces lois, plusieurs, qui sont fondamentales, embrassent et consacrent : 1° le droit de la *maison régnante* au trône, de mâle en mâle, par ordre de primogéniture ; 2° le droit de la *nation* d'accorder librement des subsides par l'organe des états-généraux *régulièrement convoqués et composés* ; 3° les coutumes et les capitulations des provinces ; 4° l'inamovibilité des magistrats ; 5° le droit des cours de vérifier dans chaque province les volontés du roi, et de n'en ordonner l'enregistrement qu'autant qu'elles sont conformes aux lois constitutives de la province ainsi qu'aux lois fondamentales de l'État ; 6° le droit de chaque citoyen de n'être jamais traduit en aucune manière par-devant d'autres juges que ses juges naturels, qui sont ceux que la loi désigne ; 7° le droit, sans lequel tous les autres sont inutiles, de n'être arrêté, par quelque ordre que ce soit, que pour être remis sans délai entre les mains des juges compétents ; protestant, ladite cour, contre toute atteinte qui serait portée aux principes ci-dessus exprimés. »

Cet acte, très-explicite dans ses termes, ne laissait aucun doute sur les droits de chacun. Bien que la nécessité imposée à la monarchie de s'appuyer sur l'assentiment général fût le principal mobile qui fît alors reconnaître les droits du peuple, cet arrêt fut comme un second affranchissement des communes, plus impérieux encore que celui du XIIe siècle.

Évidemment, un pareil décret renfermait l'avenir d'une révolution. D'ailleurs, il en est des choses politiques comme des choses naturelles, il faut que le désordre disparaisse ; et, en 1788, la confusion était extrême.

Si la société était divisée par compartiments, par classes, ce n'était là qu'un ordre apparent. On avait beau, dans les cérémonies publiques, conserver la forme dans l'éti-quette ; une confusion extrême régnait par-tout. Il n'y avait entre les hommes d'autres lignes de démarcation que celle de la va-nité ; mais cela ne constituait aucun pouvoir réel.

La noblesse *présentée* ou *non*, la noblesse de robe, la noblesse d'office, jouissaient, à des degrés divers des faveurs ou de l'autorité que le prince conférait ; mais ces distinctions, qui ne reposaient que sur une pensée de tradi-tion, devenaient de plus en plus puériles ; et, comme les richesses diminuaient par la dila-pidation et les désordres, comme le courage réel s'éteignait pour ne faire place qu'à une forfanterie de parade, tout s'affaiblissait ou ne servait qu'à inspirer aux classes inférieures le sentiment de leur dignité et de leur force contre les privilégiés impuissants d'une aris-tocratie dissipée et méprisable.

Ainsi, d'une part, le seigneur féodal, ce puissant primitivement élu de ses pairs, ce héros que son courage avait fait le rival de son frère le roi, était devenu, de père en fils, par une dégénérescence née de l'oisiveté, des vices ou de la vanité, le muguet ridicule et stérile de la cour ; et, d'autre part, le serf, ce courageux travailleur, opprimé d'abord, puis serviteur dévoué, puis sauveur, et que son courage avait créé suzerain, était devenu le peuple, fort de son droit, fier de sa haute intelligence, digne enfin de prendre, dans un jeu de paume, la royauté qui se perdait, et l'autorité féodale ou religieuse qui, de nouveau, tombaient, pour avoir voulu partager la vanité d'un pouvoir toujours factice, malgré son éclat.

La valeur réelle reprit son droit, et la Révolution française s'accomplit.

Or, depuis soixante ans, quels progrès la France n'a-t-elle pas faits dans la carrière ouverte, en 1789, à l'avénement nécessaire de la Démocratie !

Et, d'abord, il ne faut pas s'étonner des excès.

Evidemment, lorsque les formules féodales, nobiliaires, royales, furent remplacées tout à coup par ces trois mots évangéliques : *Liberté ! Egalité ! Fraternité !* les têtes durent un moment avoir le vertige.

D'une part, lassitude, corruption, abattement ;

D'autre part, ardeur, probité, réveil.

La lutte n'était plus égale ; et le triomphe fut trop rapide, trop enivrant, pour que tous les vainqueurs fussent généreux. Le christianisme a eu ses martyrs ; la réformation, sa Saint-Barthélemy ; la Révolution eut sa Saint-Barthélemy et ses martyrs. On peut déplorer les excès, mais il faut les comprendre. Le propre des hommes d'Etat auxquels est échu un rôle historique, c'est de ne pas opposer aux partis exaltés la puissance d'une majorité brutale, qui frappe sans examen, mais de les surveiller, de les contraindre à s'expliquer, pour les tenir en réserve si leur système contient une solution favorable à l'humanité, ou pour les annihiler en prouvant leur impuissance ou leur dangereuse hostilité.

La Démocratie voulut jouir tout d'un coup et sans frein de son pouvoir. Elle avait été opprimée, elle se réveilla despote ; elle avait subi le joug, elle imposa comme peine les effets de sa vengeance ; elle avait été sevrée de tout bien-être, elle chercha dans l'orgie du sang et de la débauche l'oubli de ses douleurs et de ses misères. Quelle arme pouvait-elle manier, si ce n'est la hache? Sur quel trône pouvait-elle s'asseoir, si ce n'est sur l'échafaud? Il faut que le cœur humain comprenne ces aspirations à la vengeance, ces folles joies de la victoire, cette ivresse qui est impérieuse vers le mal, comme l'enthousiasme dans le bonheur est impérieux vers le bien.

Cependant à ces crimes la main de Dieu réservait une expiation.

Cette expiation, c'est la série d'institutions, de droits, de constitutions, de chartes, que nous avons adoptés, épuisés, appliqués, changés, repoussés, et qui, après soixante ans, nous ont nécessairement, d'une façon irrécusable, péremptoire, amenés à conclure que nous avons parcouru tous les degrés d'organisation politique, depuis l'esclavage le plus abject jusqu'à la Démocratie la plus déréglée.

Nous avons vu plus haut par suite de quels événements la révolution de Février a éclaté; voyons dans quelle situation se trouvèrent, à cette époque, ceux-là mêmes qui firent la révolution et qui l'organisèrent.

XVII.

Des républicains de la veille, en 1848. — MM. Ledru-
Rollin et Lamartine.

Deux journaux, *le National* et *la Réforme*, qui, depuis dix-huit ans (il leur faut rendre justice) ont voulu, cherché, demandé la République, profitant de l'abandon dans lequel on laissait la garde nationale, ont proclamé la République ; et nous nous sommes hâtés d'accepter la proclamation, tant la lassitude s'était emparée de nous par suite des tentatives fausses et stériles du gouvernement constitutionnel. Sans nous en douter, nous marchions pour la République sous le drapeau du *National*, qui vint aisément à bout de nous ; et même quand la République fut proclamée, l'on vit bientôt surgir de tous côtés, de tous partis, les braves les plus imprévus, qui, soit en s'y ralliant, soit en se révélant prophètes, firent tout au monde pour se faire accepter comme vieux républicains : si bien que les triomphateurs réels, ceux qui

avaient donné leur preuve de croyance en
la République, se mirent à diviser les républicains en deux classes : ceux de la *veille* et
ceux du *lendemain* ; de sorte que déjà et tout
d'abord, le privilége fut consacré : nous ne
fûmes plus *égaux* devant la République ; l'é-
galité fut le premier mot effacé du drapeau
de Février.

L'étonnement avec lequel les vrais républicains de la veille virent accourir vers eux une
nuée de sauterelles dynastiques, porteurs de
drapeaux plutôt rouges que tricolores, les ir-
rita, et nous verrons plus loin ce que produisit cette irritation ; toujours advint-il que
le mot de *fraternité*, qui est la base de toute
République, fut à son tour profondément al-
téré.

Mais examinons ce qui se passa dans les
rangs de la classe sérieuse et vraiment libé-
rale de la nation.

Les premiers actes du gouvernement provisoire inspirèrent au pays tout entier une
confiance extrême.

Si, parmi les républicains du lendemain, se
produisaient tout à coup des hommes dont
l'adhésion n'apportait aucune valeur réelle à

l'organisation de la République, ou des hommes qui pouvaient paraître suspects aux républicains de la veille, il est néanmoins irrécusable que d'autres, et en grand nombre, spectateurs fatigués du gouvernement despotique ou des roueries de nos deux chartes, acceptèrent très franchement, très énergiquement, la promesse d'une Constitution républicaine.

Réaliser avec sincérité le gouvernement des affaires du pays par le pays; laisser à l'élection par le suffrage universel le soin de niveler les situations, de faire surgir le mérite, de garantir la pureté du choix par l'impossibilité matérielle de la corruption; n'avoir que de grands moyens pour ses éléments d'action, et laisser tomber les petits moyens dans le mépris; écrire l'oubli sur le drapeau de la patrie, et pratiquer le pardon et l'assistance fraternelle; donner la main à la classe laborieuse; ouvrir la carrière aux véritables travailleurs en leur laissant le soin de se débarrasser des oisifs; chercher, pour réaliser ce mot l'*organisation du travail*, à donner à l'industrie et au commerce l'appui matériel qu'une révolution rendait indis-

pensable ; prévenir les catastrophes financières d'établissements dont la ruine devait
entraîner la perte de toutes les valeurs im-
mobilières ou mobilières, et ouvrir ainsi
les veines du crédit, d'où s'échappe le meilleur sang, le plus pur de la nation, le travail !

Voilà ce que les républicains du lendemain,
qui ne demandaient à la République pour
eux-mêmes ni fonctions publiques ni priviléges, mais qui lui demandaient la foi, la
confiance; voilà ce que les républicains du lendemain crurent apercevoir dans les premiers
actes du gouvernement provisoire : aussi s'em-
pressèrent-ils d'offrir leur adhésion à l'établissement sérieux et honnête de la République.

Sans doute, cette adhésion parut être un
bien, un gage de sécurité, un grand élément
d'espérance pour l'avenir.

Pas du tout : ce qui devait être un bien réel
devint la cause de tous nos maux.

Voici comment :

Il y avait chez quelques membres du gouvernement provisoire un élément de discorde
que l'en rencontre en toute chose humaine :
l'égoïsme.

L'égoïsme est un sentiment qui détruit toute générosité : c'est l'instinct des âmes vulgai-res ; et, parmi les hommes qui nous gouvernaient provisoirement, il y eut des égoïstes. Mais comme ces égoïstes ne manquent ni d'esprit ni de jugement, voici ce qu'ils se dirent, logiquement, simplement, sans rien se déguiser à eux-mêmes :

« Nous avons proclamé la République, nous voulons l'organiser, sans aucun doute ; mais nous voulons surtout en profiter. Les hommes qui ont quelque croyance, une foi quelconque, un sens droit et l'amour de l'honnête et du bon, vont applaudir à cette forme de gouvernement. Il y a dans le fait d'une révolution quelque chose d'audacieux, qui n'entre pas dans l'âme de ces hommes : conspirer, préparer la bataille en même temps que l'on fait de la propagande, n'est pas de leur nature ; mais, malheureusement pour nos appétits, ils sont depuis longtemps en possession de la confiance publique. Nous savons bien, nous, que cette révolution n'est pas seulement politique, mais sociale ; nous avons vécu depuis vingt ans dans les souterrains de la conspiration républicaine ; nous pouvons supputer le nombre des innovateurs; nous les connaissons tous, nous pouvons compter sur eux; mais il est très certain que, seuls, nous avons le secret des trésors de patriotisme, de dévouement, d'intelligence, que recèlent ces souterrains où nous avons préparé le 24 février 1848. Qui pourra nous croire sur parole, et tout d'un coup, lorsque nous viendrons imposer, avec des principes que l'on connaît, des hommes que l'on ne connaît pas? Qui pourra se mettre à applaudir avec tout l'éclat, tout l'enthousiasme, toute la foi que nous y mettons, ces illustres paladins inconnus au monde officiel, chevaliers noirs de la République rouge?

» Évidemment peu de personnes. Le pays, tel qu'il est actuellement organisé, c'est-à-dire tout bonnement les trois cent mille électeurs de ce féodal système des lois de 1831; les généraux, colonels, lieutenants, soldats de cette armée; les amiraux, capitaines, mousses de cette marine; les conseillers, juges, procureurs, avocats de ces tribunaux; les administrateurs de ces départements; les receveurs, percepteurs, payeurs de ces finances; les six cent mille membres de ces conseils généraux, d'arrondissement, de communes; les quarante mille instituteurs primaires ; les quarante mille curés de ces paroisses ; les propriétaires de ces châteaux, de ces usines, de ces fermes, de ces chaumières, de ces maisons, de ces échoppes; les organisateurs, actionnaires de ces chemins de fer, de ces industries, tout cela (et qu'est-ce, en vérité, que tout cela à notre point de vue !), tout cela fera l'étonné, si nous tirons nos amis de nos souterrains conspirateurs. Comment le public, comment ces misérables quinze millions d'habitants, tous connus ou pouvant l'être, comment ne vont-ils pas immédiatement s'incliner aussitôt que nous allons leur proposer, pour les gouverner, les administrer, percevoir leurs impôts, les juger, les remplacer au besoin, les *dépouiller fraternellement*, si l'occasion s'en présente, des noms que, nous, nous connaissons; des noms comme ceux de nos amis. En vérité, on ne peut y mettre moins de bonne grâce ! Et, certes, c'est un bien vilain monde que ce monde officiel. Recueillons-nous ; voyons un peu ; avisons : quel sera le mode le plus expéditif pour arriver à nous entendre... voire même à nous débarrasser de tout ce monde-là ? »

Pendant que ces hommes d'État, qui faisaient partie du gouvernement provisoire, se mettaient alors à réfléchir, quelques-uns d'entre eux ne prenaient pas une attitude très-rassurante. On murmurait qu'ils se laissaient aller aux menaces les plus expressives contre ceux de leurs collègues qui s'étaient décidés à faire triompher, autant que possible, le bon sens et la loyauté ; cependant, d'autres républicains de la veille qui les connaissaient et qui passaient pour hommes de certaine expérience, les abordaient humblement et leur tenaient, non sans une certaine émotion, à peu près ce langage :

« Voyons un peu : veuillez examiner les choses avec patience. Vous êtes assez grands pour vouloir bien être de bon sens ; et puisque c'est à nous, à notre spontanéité, à notre caractère décidé, mettons, si vous le voulez, à notre courage, que nous devons l'établissement de la République, tâchons de trouver parmi les hommes énergiques et honnêtes du pays quelques partisans. N'effrayons pas ceux que nous désirons convertir. Ne prenons pas nos grands airs qui effarouchent. Soyons calmes, et écoutons un peu certains conseils qui ne nous retirent rien de nos mérites, et qui peuvent nous remettre dans la bonne voie... Voyons, citoyens !

» Que diriez-vous si l'on venait tout à coup, sans autre forme de procès, bon gré mal gré, vous amener sans façon chez vous une quantité d'inconnus, sourds et aveugles pour vous, ramassés dans les estaminets, les carrefours, et... autres lieux ? Ne trouveriez-vous pas que le procédé serait quelque peu vif et violent, et ne vous fâcheriez-vous pas de cette entrée un peu brusque dans votre domicile ? »

Malheureusement ces paroles, pleines de bon sens, contrariaient certaines ambitions. Il est chez nous une passion qui domine les autres, c'est le goût de la popularité. Les applaudissements de la foule, les flots de l'émeute soulevés à votre voix, le hasard même, qui est à l'homme politique ce que le coup de dé est au joueur, le pouvoir, malgré les préoccupations qui vous y assiégent : tout cela inspire les poëtes et les orateurs, tout cela enfante les tribuns.

Il en est de plusieurs sortes.

La révolution de Février produisit deux tribuns : M. Lamartine et M. Ledru-Rollin. Je ne crois pas me tromper en leur annonçant ce que l'histoire impartiale leur dira.

Tous deux avaient un grand rôle à jouer. Jamais un peuple ne se montra plus prompt à l'admiration, plus disposé à l'indulgence, plus apte à la générosité, que la France à l'égard de ces deux hommes politiques... mais, hélas !

Sans doute, l'un, M. Ledru-Rollin, depuis longues années, avait donné de son énergie des preuves constantes et continues. On le savait républicain. Il avait été souvent courageux et opiniâtre dans sa résistance. Le poste provisoire que la République de Février lui donnait était sa récompense légitime ; et si quelques observateurs attentifs de la carrière parlementaire de M. Ledru-Rollin pouvaient lui reprocher quelques excès de tribune, ils faisaient à l'instant dans leur esprit la part des efforts nécessaires à une lutte aussi difficile, persuadés, ou du moins espérant que la possession du pouvoir amènerait chez lui la règle à la place de l'élan.

Nous pensions que M. Ledru-Rollin, qui avait pu mieux que personne se rendre compte de l'abnégation, du courage, de la grandeur d'âme des classes ouvrières, ne chercherait pas à jeter au milieu d'elles des ferments de discorde, ne créerait pas des ateliers nationaux dans un autre but que celui de préparer des études pratiques sur l'organisation du travail, et ne formerait pas avec eux un corps de janissaires au service d'une démocratie personnelle et non nationale.

Que l'on consulte les travailleurs réels, ceux pour qui la République est un véritable et légitime avénement ; qui ne veulent pas trouver dans le progrès une arme de destruction, mais un degré de bien-être et un respect d'eux-mêmes et d'autrui, et nous n'hésitons pas à dire que, pour eux, l'homme qui a le plus sérieusement compromis la République, c'est M. Ledru-Rollin.

Il a mal servi son ambition, il a mal servi son idole, en employant l'effroi pour attrait, les émeutes pour moyens.

Le peuple, le vrai peuple des travailleurs ne s'y méprend jamais : il aime et soutient le vrai courage ; il ne consent pas volontiers à servir de marchepied à une ambition sans intelligence pratique ; sévère, rigoureux, quelquefois même inclément et cruel, il ne recule pas devant le danger, il se venge quand la vengeance est justice. Malheur à celui qui le flatte pour le tromper! Celui-là prépare sa propre défaite par des promesses mensongères. Il peut bien encore rencontrer de la sympathie parmi les désœuvrés et les mécontents; mais nous ne croyons pas à la persévérance de sa popularité, parce que la cause n'en peut pas être légitime.

Cependant, nous ne sommes pas de ceux qui ne mettent que de la passion dans leur jugement. Il faudrait récuser la plus belle de nos attributions morales, l'entraînement de notre âme, si fécond en grandes choses, pour ne pas comprendre tout ce qu'il y a de naturel dans l'orgueil qu'inspirent à nos yeux l'ambition et le succès. Le succès n'absout pas toujours; mais les révolutions sont difficiles sans excès, et ceux qui veulent franchement un gouvernement démocratique ne peuvent méconnaître que l'on doit la République à l'audace et à la tenacité de M. Ledru-Rollin.

Avant 1848, il a persévéré, et en février il a proclamé.

A Dieu ne plaise que nous accusions M. Ledru-Rollin d'avoir armé volontairement les insurgés de juin; mais l'histoire lui dira que

le système d'intimidation qui servait de base à
sa politique a produit des excès dont il ne cal-
culait pas lui-même les résultats.

On ne peut lui imputer à crime les massa-
cres de cette journée, la suspension de nos
libertés, la mise en état de siége, les condam-
nations des insurgés, le deuil des familles, les
rigueurs de la déportation ; mais il est évident
que tous ces malheurs, on les doit aux promesses illusoires du premier ministre de l'intérieur de la République, comme on doit à
ses malencontreuses et fatales instructions les
désastres du commerce, la ruine de l'industrie, la suspension et la perte du travail.

Quant à M. de Lamartine, nous voudrions
bien céder à notre entraînement : pourquoi
faut-il que notre conscience se dresse au
fond de notre âme pour imposer silence à
notre admiration? Pourquoi sommes-nous
assuré que ce qu'on va lire n'est que l'écho
de la multitude? Et pourquoi sommes-nous
convaincu qu'ici surtout, la voix de la multitude, c'est le jugement de Dieu ?

Il n'est pas d'homme qui ait reçu du Ciel
une occasion plus éclatante de s'immortaliser,
de placer son nom, non pas seulement à côté

des noms consacrés par le génie des conquêtes, César, Washington, Napoléon, mais à
côté des noms les plus chers à l'humanité.

La politique aurait eu son Messie, son
Christ, son Sauveur sans martyrs, si M. de
Lamartine l'eût voulu ! La République eût
été immédiatement, sans secousse, sans
émeute, grande et noble ; elle fût devenue
l'affaire des hommes honnêtes et progressifs ;
elle eût touché d'un doigt réparateur aux
plaies sociales, rétabli le véritable caractère
de l'égalité devant Dieu, inspiré le sentiment
d'une fraternité sans humiliation, affermi la
liberté, le libre exercice de la pensée et de la
parole.

Il ne fallait pour cela qu'une volonté ferme
de protéger les idées démocratiques d'une
main contre l'envahissement du désordre, de
l'autre contre le mur d'airain, contre *la borne*
de l'immobilité.

XVIII.

Du socialisme.

Dans tous les temps, en France, un mot,

une qualification nouvelle a signalé l'avénement d'un parti nouveau, qui s'est constitué tout de suite, sans discussion, le représentant du progrès.

Avant 1830, c'étaient les *libéraux* qui occupaient cette position dans la société française; les *libéraux* l'avaient belle; il leur était réservé de défendre les libertés publiques : la liberté de la parole, la liberté de la presse. Le gouvernement de la Restauration, comme font tous les gouvernements, s'est mis résolument à combattre les *libéraux*, c'est-à-dire la liberté de la parole et de la presse; et le gouvernement de la Restauration a été renversé.

Avant 1848, un mot a surgi : *la réforme*. Le gouvernement a combattu ce monstre qui se levait à l'horizon politique; sans s'inquiéter s'il y avait sous le terme quelque principe honnête, utile, nécessaire, le gouvernement a combattu le bon et le mauvais, et il a été renversé.

Depuis 1848, le mot à la mode, c'est le *socialisme*.

Les gouvernants ne s'inquiètent pas de savoir si le *socialisme* n'est pas, pour un grand nombre d'esprits sérieux, le signe caractéristique des réformes nécessaires que réclame la société ; on dirait même qu'ils se refusent à voir que le socialisme, à cause de ses divisions intestines, est moins à craindre qu'on ne le suppose ; les gouvernants, agissant en cela comme leurs devanciers, n'ont pas d'autre réponse que la répression contre les dangers de ce parti menaçant ; et, bien loin de consulter froidement, sans passion, avec des intentions loyales, les idées nouvelles qui se cachent sous ce mot, les gouvernants et les hommes d'État n'ont pas d'autre occupation que de combattre le mot et la chose, les uns avec la force, les autres avec les ressources de l'esprit. S'adressant à l'ignorance, ils l'éblouissent par de brillants sophismes, au lieu de mettre les novateurs en demeure d'exposer leurs principes et leurs systèmes, non pas seulement dans des livres ou dans des journaux, mais dans certaines institutions en harmonie avec les idées applicables qu'ils émettent. Des mots, accrédités dans le monde, mots saints et sacrés, la *propriété*, la *famille*, sont exploités souvent de mauvaise foi par les ennemis du Socialisme ; et le bruit se propage dans les rangs honnêtes de la société que le socialisme est la destructeur systématique de la famille et de la propriété. Tout naturellement, cette arme de guerre, mise habilement en jeu, ne tarde pas à tourner la société contre les destructeurs; et le socialisme est un épouvantail que les hommes d'État (soi-disant tels) exposent aux yeux de la France effrayée, comme on expose ces géants fantastiques de nos contes aux yeux épouvantés de nos enfants.

Que si le gouvernement appelait, dans une enceinte loyalement ouverte aux novateurs, les champions du grand parti socialiste, le germe des bonnes idées serait recueilli, le germe des idées mauvaises serait détruit par la discussion.

Voyez ce qui se passe : M. Proudhon, M. Considérant, M. Louis Blanc, M. Pierre Leroux, tous quatre représentants de systèmes différents, se combattent à outrance; mais, comme le but qui les réunit, l'innovation, est le même, le socialisme prend des forces dans le pays, non pour édifier, mais pour détruire. Est-il possible d'empêcher ce but d'être atteint? cela ne nous paraît pas douteux; et nous pensons que le meilleur moyen est de faire tout le contraire de ce qui s'est fait sous les gouvernements qui ont précédé la République. C'est de fonder soi-même le socialisme ; c'est de ne pas décourager les innovateurs qui peuvent, au milieu d'idées incohérentes ou même dangereuses, en indiquer de logiques et de véritablement progressives ; c'est de s'adresser aux hommes honnêtes et intelligents de ce parti, de les convier à l'examen franc et loyal du progrès ; c'est de ne pas comprimer sourdement, mais de prouver l'erreur et de forcer l'ennemi, s'il en est, à se déclarer et à se rendre.

Mais, se récrient très sérieusement certains politiques, comment pouvez-vous défendre des assassins?... A cela une seule réponse : Des assassins ! il y en a dans tous les partis. L'histoire témoigne que les partis royalistes et les jésuites en ont fourni, et je suis sûr que, s'il y a des assassins parmi les socialistes, il s'y rencontrerait des gendarmes pour les arrêter.

Du jour où il n'y aura en France que des républicains (et ce jour viendra, quoi qu'on fasse), la seule arme dont on se servira, ce sera l'arme de la discussion et de la parole.

Supposons un instant que le jugement passionné que l'on porte sur les socialistes dont le but est, dit-on, de bouleverser la société de fond en comble, fasse place à une appréciation froide, consciencieuse, de la société telle qu'elle est, telle que nous la connaissons ; et décrivons en traits rapides quelques-unes des perfections de **la** *merveilleuse* organisation de notre société, qui excite l'enthousiasme de ses admirateurs systématiques.

Je lis dans certains ouvrages composés par des grands hommes d'État modernes, que *l'économie prépare à l'ouvrier le bien-être ; que la propriété et ses jouissances sont la récompense légitime de ses labeurs, de sa bonne conduite,* etc., etc.

J'y consens.

Mais, est-ce que, par hasard, ces hommes d'État ne se sont jamais risqués dans ces faubourgs où les travailleurs cachent si souvent leurs larmes et leur faim, non pas seulement parce que le produit de leurs travaux ne suffit pas à leurs besoins, mais parce que vainement, ils se sont ingéniés à chercher partout ce travail duquel leur misère et leur noble fierté réclament la seule assistance qui puisse convenir à leur courage ?

Économiser !... lorsque des jours, des semaines, des mois, se passent, et que l'ouvrier
le plus honnête, ayant vainement demandé
quelque emploi, se refuse le stricte nécessaire, pour donner] aux siens un pain qu'il doit
à ses plus pénibles veilles ; et, par un pieux
mensonge , fait croire à des êtres chéris,
dont l'existence dépend de son bien-être, qu'il
a pris sa part de leur pain, tandis que la faim
lui fait subir toutes ses angoisses !...

Économiser !... lorsque, dans une sphère
où l'homme n'a d'autre instrument de travail
que son intelligence, l'écrivain frappe à toutes les portes, se présente humblement à quelques marchands de pensées, demande qu'on
lui procure le calme sans lequel son génie
s'éteint, et se voit repoussé, son manuscrit à la
main, sous quelque frivole prétexte , sans même exciter la curiosité de cet exploitant oisif
des veilles laborieuses, qui rétrécit le cercle de
la publicité dont il dispose, enrichissant les riches, ne faisant qu'augmenter la renommée
des princes de la littérature , dont la réputation est faite, et dédaignant celui qui peut-être
a le génie, mais qui n'a ni le charlatanisme
qui éblouit, ni quelque misérable intrigue de

femme, de plaisir ou d'argent, qui vienne servir de base à sa gloire.

Vous qui conseillez l'économie, qu'eussiez-vous fait si quelque capitaliste n'était pas venu à votre secours pour vous mettre en main, au début de votre carrière, les instruments de ce travail intellectuel auquel vous devez votre gloire et votre fortune !

Mais que faire ?... disent ces grands hommes ! Peut-on donc forcer le fabricant à donner du travail ? Peut-on obliger le publiciste à ouvrir les colonnes de son journal, si son cadre est rempli ? Et là s'arrêtent les combinaisons de ces fécondes imaginations qui doivent régler les destinées de leur pays.

Est-ce que le seul remède à ce chômage des bras et de la pensée, serait une dépense nouvelle de dix-huit millions de liste civile ? Je crois que le travail n'en demanderait pas autant pour produire, le commerce aux abois pour être sauvé, l'écrivain inconnu pour conquérir la renommée et le bien-être. Je crois que la liste civile du travail serait une ressource plus efficace que la liste civile d'une monarchie restaurée.

— Mais, dira-t-on, on s'est plaint de ce

9

que les impôts étaient trop lourds. Voulez-vous donc faire naître en République les mêmes griefs contre des abus que vous avez condamnés ?

— Non, mais ces abus, nous croyons qu'il est un remède efficace à leur opposer.

— Eh quoi !... voulez-vous toucher à l'échelle sainte de l'impôt ?

— Peut-être : croyez-vous, par exemple, qu'il soit parfaitement équitable que l'homme à qui l'Etat paie une rente annuelle de trente, de quarante mille francs, soit dégagé complètement vis à vis du fisc, en cette délicate matière de l'impôt ? Tandis que le malheureux débitant, qui paie déjà une patente, paie en outre un impôt pour sa maison; que le paysan, qui est propriétaire d'une pauvre petite métairie, paie l'impôt, le rentier, lui se voit défendu, protégé par les mêmes agents que le paysan et l'ouvrier, et trouvant dans cette protection même la sécurité du paiement exact de sa rente, il est affranchi de l'obligation de concourir aux dépenses de l'État : et vous trouvez cela juste !... et vous ne trouvez dans votre génie... rien à faire !...

Trouvez-vous moral, loyal, honnête, d'ouvrir chaque jour, comme un temple, sous la protection de la loi, avec tout l'appareil que vous mettriez à ouvrir un monument aux gloires de ce monde, cet édifice fatal, que vous nommez la BOURSE!... et qui, dites-vous, est le régulateur du crédit public. Eh quoi ! c'est là ce que vous nommez le crédit, grand financiers que vous êtes !...

Eh quoi ! vous appelez *crédit* la différence d'une prime, la cote d'un jeu effréné, où les joueurs n'exposent rien (Qu'est-ce que leur parole ?).

Est-ce que, par hasard, ce serait un grand mystère que ces mille moyens de faire jouer la bascule de la hausse et de la baisse, par une coalition de capitalistes qui se réunissent pour satisfaire tel jour par l'achat, et tel autre jour par la vente, leur insatiable cupidité ?

Vous voulez que nous trouvions morale cette voie ouverte à la richesse par le jeu, et que nous trouvions équitables ces fortunes colossales, enlevées en quelques journées de folie sur ce tapis vert ; tandis que vous nous enseignez à partager votre dédain superbe pour quelque honorable misère cachée sous des fatigues

écrasantes et des infirmités, dans l'asile gêné
de quelque famille d'artisan, de négociant
honnête, de littérateur pur et consciencieux,
après trente années d'un assidu service, d'un
dévouement religieux à ses devoirs ?

Vous trouvez encore que ce côté de la société
est digne de votre enthousiasme ; et toujours,
selon votre usage, vous redirez qu'il n'y a rien
à faire !

Dois-je encore m'extasier sur ces lois commerciales que vous vous obstinez à ne pas
changer, et me faut-il donner une entière
admiration à cette belle œuvre?

Ainsi, qu'un homme plein de droiture,
comptant sur le produit régulier de ses travaux, ne soit pas commerçant, et souscrive
une traite de quelques centaines de francs. Un
sinistre vient le frapper avant l'échéance ; le
jour fatal arrive; on lui présente son billet : il
n'est pas en mesure.

En quelques jours, le montant du billet,
grâce à votre procédure, se trouve doublé par
les frais : protêt, assignation, jugement par
défaut, opposition, jugement définitif, signi-
fication, commandement, saisie, l'avalanche
de cette monstrueuse procédure grossit, roule

sur le patient, l'écrase ; toute sa petite fortune mobilière, le fruit de plusieurs années d'éco-nomie, se trouve englouti, et il est arrêté, ruiné, déshonoré !

Mais voyez le pendant :

Un négociant de mauvaise foi vend, et reçoit les fonds que lui produit sa vente ; achète, et, grâce à l'édifice que vous lui avez construit et que vous nommez *crédit*, paie à long terme, sans autre garantie que son exactitude, habile pendant quelques années, à tenir ses engage-ments. Le chiffre de ses affaires grossit ; il choisit sa belle. Il a placé des fonds à l'étran-ger, il a acheté des immeubles sous le nom de sa femme, avec laquelle il a pris soin d'être sé-paré de biens. Enfin, un beau jour, il annonce sa défaite ; il profite même pour cela d'un mou-vement politique, d'une révolution ; il fait faillite. On plaint le pauvre homme ; on se garde bien de toucher à son luxueux mobi-lier !... on se garde bien de mettre sur son corps une main sacrilége !... on règle ses affai-res avec une déférence toute sympathique : on lui permet de payer 25 à 30 pour 100 à ses créanciers... et le lendemain de ce beau jour, le commerçant se retire, entouré de l'affection de ceux-là mêmes qu'il a trompés ; il jouit de toute sa liberté, et quelquefois, la plûpart du temps même, il recommence de nouveau cette honorable carrière, parce qu'il lui reste quelque fille à doter, ou qu'il lui convient de se préparer pour ses vieux jours une douce retraite dans quelque riche domaine.

Et vous trouvez tout cela parfaitement juste, parfaitement naturel, parfaitement beau !...

Ajouterai-je à ces faits, contre l'évidence desquels je vous mets au défi de vous élever, ajouterai-je la description de vos mœurs ?

Dirai-je votre dédain pour le mérite timide ou pauvre, et vos extases pour l'intrigant ou le complaisant de vos désirs ? vos intrigues pour construire l'édifice factice d'une renommée dont votre sottise a besoin ?

Non, je ne puis m'incliner respectueusement devant toutes ces merveilles ; et si c'est là votre dernier mot, si vous ne trouvez rien à y redire, votre génie est impuissant.

CHAPITRE TROISIÈME.

CONCLUSION.

XIX.

Discours sur l'organisation de l'État démocratique
en France.

Nous avons examiné dans quelle situation
se trouve la France en 1850, après deux années d'essai de la République. Nous avons dit
à tous les partis la vérité ; nous croyons fermement que l'oubli du passé et l'union des
hommes intelligents, honnêtes, sans passion,
sont devenus une question de salut pour notre
pays.

Si les trois partis monarchiques qui sont
en présence, les *légitimistes*, les *orléanistes*,
les *napoléoniens*, ne renoncent pas décidément à cette fatale utopie d'une restauration
nouvelle, l'avenir de la France est perdu. Les
hommes honnêtes, placés entre les collisions
de ces dynasties et les excès de la démago-

gie, seront tous écrasés par les démagogues triomphants; et, comme conséquence de ce triomphe, nous verrons peut - être (rougissons et pleurons en le disant!...) une nouvelle invasion déshonorer notre patrie.

Il est donc de toute nécessité, selon nous, de former en France, avec courage, avec élan, avec ardeur, UN PARTI RÉPUBLICAIN qui, sans passion, n'ayant qu'un seul but, l'organisation de la Démocratie, fasse appel à tous les hommes qui sentent quelques idées généreuses de gloire, de grandeur, de probité politique, germer dans leurs âmes.

Formons ce parti.

Prouvons que la République, ce gouvernement de tous par tous, est assez grande, assez forte pour se constituer, en comprimant avec énergie les conspirateurs, de quelque ordre qu'ils soient.

S'il y a des hommes dont le but est de renverser la République pour y substituer la monarchie quelle qu'elle soit, que les républicains se liguent pour empêcher qu'il ne se commette un pareil parricide.

S'il se rencontre d'autres hommes qui veulent gouverner par la terreur et le pillage, que les républicains honnêtes se liguent contre les voleurs, les bandits et les assassins.

Continuons énergiquement l'œuvre qui germe dans le cœur des généreux, de ceux qui ont déchiré le drapeau rouge comme symbole des excès ; oublions les fautes commises ; posons le pardon des injures comme la base d'un établissement nouveau ; levons les barrières afin de voir de près et de n'avoir plus à craindre celui qui, de loin, nous est annoncé comme le Messie de la France, et qui se déciderait à travailler avec nous au bonheur de la République ; ses courtisans seront prêts ce jour là ! Rendons une épée, une épée républicaine, à ceux qui demanderont loyalement à servir la République ; ne déshonorons pas nos principes de fraternité par des colères puériles ; constituons la République, en demandant le concours de tous ceux qui, par leur probité ou leur génie, peuvent édifier cette grande œuvre ; qu'ils se nomment *monarchistes, républicains de la veille, du lendemain* ou *socialistes*.

Ne repoussons, ne paralysons, ne punissons que les assassins ou les forçats libérés qui se cachent dans l'ombre et qui compromettent tous les systèmes parce qu'ils ne peuvent être que les ennemis de la société.

La République est le terrain neutre sur lequel tout peut s'organiser sans honte et avec grandeur par ceux mêmes qui ont servi les gouvernements passés, à la condition de donner des garanties sérieuses et définitives à la constitution de cette forme de gouvernement.

Etudions avec sincérité quelles doivent être les améliorations possibles de notre ordre social ; oublions et unissons-nous, maintenant que nous nous connaissons tous.

Je n'ai pas la prétention de formuler dans ce petit livre les détails d'un plan complet d'organisation. Si, quelque jour, la confiance de mes concitoyens m'appelle au poste de représentant, je poursuivrai, par l'exposé complet et détaillé de mes idées, la réalisation pratique de mes espérances. Je me contente, ici, d'exposer le programme des innovations que je crois nécessaires dans la situation actuelle.

XX.

Préjugés contre le mot République.

—

On a toujours peur, en France, de ce mot, qui a servi pour qualifier un gouvernement où des excès ont été commis. Pour certains esprits, le mot de *République* est synonyme de *terreur*. En février 1848, les hommes qui se sont emparés du pouvoir avaient une occasion merveilleuse de le réhabiliter. Ils ont compromis la cause qu'ils avaient à défendre ; dans tous les ordres de la société, des bouleversements de position et de fortune ont menacé l'existence ou détruit le bien-être d'un grand nombre de familles ; cela se passait quelques jours après la proclamation de la République. C'est à la République seule que les sinistres ont été attribués.

Or, il n'est pas une nation qui offre à l'observateur impartial une étude psychologique plus curieuse à faire que la France, pour conduire à cette conclusion que le peuple français est tout à la fois démocrate et esclave.

Démocrate ! car les révolutions qui se sont accomplies n'ont jamais eu pour but que le triomphe de la liberté sur le despotisme ; esclave ! car il n'est pas de pouvoir, royal, consulaire, impérial, républicain, qui n'ait été servilement accepté par une population nombreuse d'obséquieux et de courtisans. Peut-on soutenir sérieusement qu'un peuple ait le respect ou l'instinct des principes monarchiques, quand il a brisé les usages, les droits, les liens, les préjugés mêmes inhérents à la forme d'une monarchie, sans lesquels il n'est pas de force possible. Demandez à la France s'il lui convient de rétablir le droit d'aînesse, les majorats, la féodalité, et vous entendrez bientôt le frémissement d'une nation qui reprendra tous les éléments de son énergie pour secouer, ce jour-là, la chaîne qu'on voudra lui imposer.

Est-ce à dire que la France pourrait s'assouplir aux formes libérales du gouvernement constitutionnel de l'Angleterre? En vérité, n'est-ce pas la plus hypocrite des mystifications, que cette assertion faite avec tant d'autorité par des hommes d'État sérieux, et que longtemps on a pu croire sincères ! Le gouvernement anglais en France !... Quel est l'homme de bonne foi qui, en examinant de près les rouages de cette organisation oligarchique, retrouvera dans le gouvernement des patriciens de l'Angleterre le gouvernement constitutionnel qu'on a rêvé pour la France ?

Mais, dit-on avec un aplomb d'ignorance qui ferait sourire de pitié, si derrière ce préjugé, auquel on veut donner crédit, ne se cachait un immense danger social, mais quoi ! vous voulez donner à la France le gouvernement des États-Unis ? Ne voyez-vous pas que l'Américain est un peuple froid, un peuple de marchands ? Ne voyez-vous pas qu'il y a là des intérêts divisés, des états dont l'organisation particulière n'est pas la même pour tous ? enfin, que l'Amérique est éloignée des nations où le travail de l'esprit humain enfante les luttes politiques ?

Autant de mots, autant d'erreurs.

D'abord, il est faux que les intérêts commerciaux et positifs de l'Amérique aient donné aux Américains ce stoïque sang-froid qui fait l'admiration des ignorants.

L'origine des Américains se révèle à chaque instant. Il y a de la furie espagnole dans la passion effrénée des Américains pour le jeu; un entraînement qui passerait en France pour de la folie dans cet élan des affaires, où les chances du hasard sont comme l'âme des transactions commerciales et industrielles; dans la vie privée, les duels à outrance, les meurtres de la jalousie, les excentricités les plus extravagantes du caprice, font de l'Américain non pas le Français du XIXᵉ siècle, mais l'Espagnol du XVIIIᵉ. Ceux qui connaissent les États-Unis ne partagent en aucune façon cette bonne opinion du sang-froid de l'Américain : des faits nombreux viendraient attester notre proposition.

Rien ne paraît plus curieux que cette objection qui se répète, à savoir que le gouvernement démocratique républicain n'est pas possible en France, parce qu'en Amérique les intérêts d'états sont divisés entre eux.

Si Francklin et Washington pouvaient revivre, quel ne serait pas leur étonnement d'entendre qu'une pareille énormité soit devenue une arme d'opposition contre l'établissement d'une République en France ! Savez-vous ce que ces grands hommes regardaient comme le plus grand malheur de leur patrie, comme l'obstacle le plus redoutable à l'établissement qu'ils avaient préparé ? C'est précisément ce que vous regardez comme un élément d'organisation républicaine : la division des intérêts dans les différents états de l'Amérique.

Oh ! si la première Convention de 1777, si le Congrès de la déclaration de l'indépendance avaient pu résoudre, en Amérique, la difficulté fondamentale que la Constituante française a résolue, à savoir, l'unité territoriale, avec quelle promptitude, quelle union réelle, quelle entente de leurs intérêts communs, la Convention de Philadelphie eût trouvé les représentants des États prompts à recevoir, sans discussion, sans orages parlementaires, l'organisation républicaine ! Il y eut heureusement un lien plus fort que tous les éléments contraires de ces divisions intestines, le lien de la nationalité naissante, qui modifia les convictions, adoucit les résistances, fit taire les haines, et présida à ce contrat, qui faillit être brisé par cet obstacle, dont les hommes d'État de notre pays font si volontiers un élément d'organisation. En sorte que la France, sous ce rapport, présente un avantage incontestable sur les États-Unis.

Rélèverons-nous cette étrange assertion que les États-Unis, étant éloignés des centres où se meuvent les progrès de l'idée civilisatrice, peuvent s'organiser sans crainte d'être inquiétés par des états limitrophes, dont le principe rival peut entraver la marche régulière de leurs institutions?

Est-ce bien à la France, dont la situation topographique l'isole complètement de toute monarchie despotiquement gouvernée; est-ce à son esprit d'indépendance, à sa force naturelle, à ses ressources, à son influence, à son génie, que de pareilles objections peuvent être sérieusement adressées? Que la France circonscrive son action dans son propre cercle ; que son travail d'organisation ne s'applique qu'à son territoire, et loin d'être un obstacle, les principes seuls de la démocratie viendront servir ses intérêts. Les états de toute forme traitent volontiers avec un état indépendant; et, quant à l'Amérique, les conquêtes du génie sur l'Océan ont placé ce grand continent de la démocratie moins loin de la France et de l'Angleterre que le territoire où l'absolutisme se meut dans son autocratie.

XXI.

Révision de la Constitution.

Un des premiers remèdes qu'exige la situation politique de la France, c'est la révision de la Constitution. Tout le monde s'inquiète de ce que la Constitution qui nous régit comporte d'anormal, et, chose incroyable, dont l'histoire ne pourra cacher l'étrangeté, quand tout le monde est d'accord sur la nécessité de cette révision, on n'ose prendre sur soi, gouvernants, représentants, publicistes, d'aviser décidément au meilleur moyen de satisfaire à cette impérieuse nécessité.

Pourtant, le pays est bien le maître de prendre telle mesure qu'il juge utile à ses intérêts ; et si la France, consultée sur cette question : « *Est-il opportun de réviser la Constitution?*» répond affirmativement, qui osera dire que la Constitution sera violée?

Quant au mode à employer pour consulter le pays, certes, il est trop facile pour qu'il soit nécessaire de l'indiquer. Nous pensons que cette enquête devient de jour en jour plus impérieuse : laissera-t-on la solution de ce problème à quelque effroyable cataclysme ?

XXII.

Plusieurs questions.

Nous l'avons dit : nous ne pouvons, dans ce petit livre, développer le système organisateur que nous croyons facile de proposer à l'élaboration des hommes d'Etat. Nous nous contenterons de poser les questions qui nous paraissent les plus urgentes.

1° *Du suffrage universel.*—Le suffrage universel est la première et la plus légitime conquête de la démocratie. Selon nous, y toucher, c'est attenter à la souveraineté du peuple ; c'est détruire de fond en comble le principe républicain.

Mais est-il possible de concilier la pratique avec la théorie ? ou, en d'autres termes, le travail électoral, tel que l'a fait, par exemple, la formation de l'Assemblée constituante et de l'Assemblée législative, est-il bien réellement, et en toute sincérité, le résultat parfaitement libre et raisonné du suffrage universel? Nous ne le croyons pas.

Que s'est-il passé?

Du centre même de chaque département sont partis les mouvements imprimés au corps électoral. Des comités de nuances diverses se sont formés, et des listes, accueillies sans examen, sans connaissance des hommes, ont été votées par ceux-là mêmes qui ne savaient ni lire ni écrire, sans qu'ils aient pu faire l'appréciation de la mission qu'ils devaient accomplir.

Selon nous, la véritable liberté a pour premier mobile, pour condition fondamentale, la notion de soi-même.

L'exercice du suffrage universel est véritablement l'expression de ce principe, quand l'électeur l'exerce dans la circonscription où se meut son intelligence et où ses habitudes consacrent sa faculté de sentir et de connaître.

C'est donc dans la commune, d'abord, que le vote doit s'exprimer; là, des délégués en nombre proportionnel seraient élus; et, sans nul doute, les votes se porteraient sur les citoyens dont les relations s'étendraient tout au moins à la circonscription cantonnale. Des délégués de canton se réuniraient et nommeraient eux-mêmes des délégués d'arrondissement, qui deviendraient les électeurs définitifs et sérieux des représentants.

Dira-t-on que ce mode d'élection n'est pas compatible avec la liberté?

Où est le privilège? Est-ce dans le droit électoral? dans le droit d'éligibilité? dans le cercle des capacités? nullement : tout le monde use également de la faculté que confère le vote : il y a donc égalité parfaite, indépendance absolue.

Dira-t-on que ces délégués sont des privilégiés? Mais on pourrait en dire autant alors des représentants eux-mêmes.

Non, le mérite de ce mode d'élection, c'est surtout, qu'on nous permette ce mot, de quintessencier la matière électorale ; et aussi de donner aux votants une notion exacte et complète de l'exercice de leur droit.

Quoi de plus servile, selon nous, que cette soumission aveugle et non raisonnée du citoyen de la plus humble commune, qui reçoit des mains d'un meneur quelconque la liste sur laquelle se pressent des noms qu'il ne connaît pas? Cette sujétion ne peut me paraître l'exercice normal d'une liberté.

Régler le suffrage universel est, selon moi, la première opération nécessaire du travail de l'Assemblée nationale.

2° *Éducation et instruction publiques.* — La liberté d'enseignement est un des droits les plus sacrés qui aient été promis au peuple : c'est la plus légitime de ses conquêtes.

Avec de la franchise et de la bonne foi, la loi sur l'enseignement, qui comprend l'éducation et l'instruction publiques, serait facile à faire.

Que doit-on vouloir réaliser sous ce double rapport?

D'abord, une éducation fondée sur des principes religieux ; et, parallèlement, une éducation fondée sur l'amour véritable de la patrie et de la famille.

D'où naît une obligation nécessaire : l'examen en commun de ces grandes questions par les laïques et le clergé.

On ne forme des citoyens dans une grande nation qu'en formant des hommes probes et forts. On ne forme des hommes probes et forts

que par le secours de la religion et de l'amour
de la patrie : ce n'est donc que par l'alliance
des hommes qui représentent la religion et le
dévouement aux institutions de la patrie que
l'on parviendra à formuler une charte d'éducation et d'instruction publiques.

Que si les hommes qui représentent le clergé s'établissent en lutte systématique et permanente contre les hommes qui représentent
l'Université, le germe des divisions intestines
que chacun sèmera dans le pays ne produira
qu'un avenir de désordres et d'hypocrisie. Ce
spectacle de luttes irréconciliables ne laisse
que la plus affligeante perspective des malheurs de la patrie. Eh! comment peuvent-ils
réclamer le maintien de l'ordre et de l'harmonie dans les masses compactes et inintelli-
gentes, ceux qui, placés à la tête du pays, ne
se servent de leur science que pour s'armer
les uns contre les autres, plaçant le triomphe
d'une vanité au-dessus des intérêts les plus
précieux du peuple, qu'ils doivent instruire et
éclairer !

Qu'un concile universitaire et clérical, et
non une commission de quelques hommes prévenus, soit formé pour résoudre ces grandes

questions; que le but soit clairement déterminé; les moyens, arrêtés de concert; et au lieu de ces jeux d'esprit, qui n'enfantent que des rapports parlementaires plus ou moins spécieux ou contradictoires, nous aurons, du consentement de tous, une charte définitive de l'éducation et de l'instruction, écrite sous la double inspiration du sentiment religieux et de l'amour de la patrie.

3° *Révision des Codes. Antinomies.* — Les modifications nombreuses apportées par la jurisprudence des arrêts au texte de nos lois ont introduit dans leurs formules des antinomies qu'il est temps de détruire. Les contradictions fourmillent dans nos Codes; un travail de révision est devenu nécessaire, indispensable.

Nous ne sommes pas du nombre des hommes qui cherchent à saper dans leur base les principes sacrés de la *propriété* et de la *famille*.

On peut regretter que certains possesseurs de grands biens tiennent leur immense fortune d'une origine qui n'est ni morale, ni légitime; mais on ne peut méconnaître que, pour la plupart, le travail de leurs pères ou leurs efforts personnels ne les aient investis loyalement du droit de jouir d'un bien-être difficilement acquis ou transmis selon les règles les plus naturelles de l'affection. Vouloir disposer des biens possédés d'après des lois antérieures serait une spoliation ; et tous les systèmes qui auraient pour fin une division inique de la propriété ne pourraient être appliqués sans bouleversement.

Mais le territoire d'une nation, divisé entre les mains de plusieurs propriétaires, ne peut sans péril rester inexploité. La production de ce territoire est une des lois les plus impérieuses qui puissent être imposées au possesseur, au propriétaire d'une parcelle du sol français. Ce n'est pas une question de caprice, de fantaisie laissée au loisir de celui qui détient, le plus légitimement d'ailleurs, l'immeuble, dont on ne lui conteste ni la jouissance ni la propriété : tout ce qui, dans une nation, est productif, doit nécessairement être exploité et produire.

Posons une hypothèse :

Supposons que, cette année, par suite de cette faculté absolue accordée par la loi d'*user et d'abuser* (*uti et abuti*, dit le droit romain) de leurs immeubles, une partie notable des propriétaires fonciers s'entendent entre eux pour arrêter leurs travaux, en sorte que la récolte du blé ne soit pas faite ; la conséquence est rigoureuse : la France meurt de faim.

Or, si absurde que soit cette proposition, nous la croyons exacte à certains égards, en pratique. Nous pourrions citer telles régions de la France où le fait suivant se signale à chaque pas :

Un homme est propriétaire d'un riche domaine qui produit trente mille francs de revenu ; mais une partie notable de cet immeuble reste inexploitée. Si l'exploitation était complète, nul doute que l'héritage ne produisît quarante-cinq et cinquante mille francs. Souvent il arrive que la cause de cette inexploitation est l'incurie, l'indifférence ou l'avarice. Quelquefois, et disons même que c'est la plupart des cas, les propriétaires fonciers n'ont pas les fonds nécessaires pour défricher les terres incultes, sécher les marais, faire les aménagements convenables de leurs forêts.

Dans le premier comme dans le second cas, l'intervention de l'Etat est commandée par l'impérieuse question du salut public. Le sol doit être exploité non pas seulement pour enrichir celui qui en est le légitime propriétaire, mais encore pour que l'abondance de la production vienne abaisser pour le consommateur le prix des denrées.

C'est alors que les lois de *crédit foncier* doivent apparaître : c'est dans ces circonstances que l'activité du travail doit être mise en œuvre tout entière ; que l'association doit être encouragée ; qu'une étude approfondie de la nature du sol, de la limite de sa division dans l'intérêt de la culture doit être pratiquement faite et appliquée par l'association.

Si les lois sur l'hypothèque, sur les successions, sur l'expropriation sont l'objet d'une refonte complète, bien des bras inoccupés seront employés, bien des héritages inexploités seront mis en produit, bien des pauvres auront du travail et du pain.

4° *De l'administration publique.* — Un des points les plus délicats, les plus importants de notre organisation, c'est l'administration publique. Sans doute, depuis que la division territoriale de la France a été adoptée par la Constituante, rien n'est à reprendre dans cette merveilleuse unité de la commune, qui est la même quel que soit le nombre des habitants d'une de ces cités municipales, où la *mairie*, l'*école* et le *presbytère* représentent en raccourci les intérêts les plus considérables de l'État.

Mais, sans fatiguer le lecteur de longs détails, qui ne seraient pas ici à leur place, une longue expérience du mécanisme des administrations municipales (1) nous a conduit à cette conclusion : à savoir, que les formalités imposées par les lois sont trop compliquées, et que la centralisation *purement administrative* doit être modifiée.

Cela, du reste, n'est ni long ni difficile ; c'est comme une question de tarifs, dont les faits viendraient, chaque année, changer l'échelle.

Mais il est une centralisation qu'il est important d'organiser ; car elle tend, chaque jour, à se détruire sous les efforts d'une véritable conspiration provinciale, qui ne tend à rien moins qu'à faire revenir la France à l'ancienne division de son territoire, c'est-à-dire à briser son unité, sa nationalité : c'est la décentralisation politique.

---

(1) M. Laya est le fondateur du *Journal des Conseillers municipaux* et du *Journal des Conseils de Fabrique*.

Pour cela, nous voudrions que l'on étudiât les moyens les plus propres à introduire dans l'organisation administrative un élément plus fort d'instruction politique pour le pays.

Selon nous, les préfets actuels ne devraient conserver que des attributions purement administratives, et, au dessus d'eux, on devrait placer un certain nombre d'hommes d'État choisis dans le sein de l'Assemblée, et *par elle-même*, qui représenteraient, dans une circonscription étendue de la France, l'institution politique, la pensée dirigeante.

Que dix départements soient confiés à chacun de ces *conseils administratifs* : que, sans s'occuper en aucune façon des détails de l'administration confiée aux préfets, ils n'aient d'autre mission, mission de la plus haute gravité, que d'imprimer un mouvement unique à la direction politique déterminée par l'Assemblée, le centre du gouvernement en France. Bientôt, n'en doutons pas, les disparates s'effaceront ; la foi républicaine se fera jour ; l'effroi que les campagnes ont conservé pour ce mot *République* sera détruit par la confiance qu'inspireront des hommes dont le caractère, la loyauté notoire, seront une garantie auprès des populations : l'unité d'intelligence pour l'application des lois, l'interprétation uniforme des volontés de l'Assemblée nationale, la simplification des rouages de l'administration, quant à ce qui concerne la politique; l'étude plus exacte des faits administratifs par les préfets, affranchis dès lors de la responsabilité politique de leurs départements, tels seraient les résultats nécessaires de cette division en *zônes politiques* de la France.

Les renseignements abonderaient au centre sur la situation générale des esprits, sur le mouvement commercial, industriel, agricole. Les demandes de bras dans des régions où le travail pourrait être mis en activité se feraient plus facilement, parce que, livrés à l'examen incessant des besoins du pays, sans s'occuper du mécanisme compliqué des rouages, les *conseils administratifs* adresseraient directement au gouvernement ces rapports politiques, que les préfets et les sous-préfets actuels n'ont pas le temps de faire. Ce qui empêche les administrateurs d'imprimer au pays une marche uniforme, c'est la complication infinie des affaires dont la solution appelle leur examen. Le rôle d'un préfet est nécessairement incomplet : tel servira merveilleusement l'administration centrale comme homme politique qui négligera forcément son travail comme administrateur. Tel autre se perdra dans les mille détails de l'administration, pourvoira aux besoins de son département, qui laissera au hasard le travail politique.

Nous croyons, et cela avec M. de Girardin, que le principe fondamental de tout gouvernement est de centraliser la force dirigeante dans le moindre nombre d'hommes possible ; les ministres trop nombreux n'ont aucun esprit d'iniative ; les administrateurs qui s'occupent de politique ne sont pas des instruments utiles au maniement des affaires de leur pays. Sauf le chiffre, qu'il serait opportun de discuter, nous estimons que le gouvernement des affaires ne peut être logique que sous la main d'un petit nombre d'hommes ne s'occupant que de trois choses : *diriger, recevoir et dépenser.*

Ce qui se passerait au sommet de l'échelle se répéterait dans tous les degrés de l'organisation générale.

La direction part du centre; elle se reproduit dans les zônes politiques ; les mesures administratives prises au centre reçoivent la même application dans les régions de l'administration publique. En un mot, l'unité devient l'âme du gouvernement, et les rouages se simplifient sous l'influence d'une même impulsion, d'un même moteur.

XXIII.

Conclusion.

—

Nous avons apporté le faible tribut de notre expérience et de nos études à l'examen de la situation politique du pays.

Notre conviction, fondée sur une réflexion longuement méditée, est que, tôt ou tard, tout gouvernement démocratique doit être dirigé par une assemblée unique, nommant un ministère, dont le président est chargé du pouvoir exécutif légalement institué.

Ce système empêche, selon nous, tous les conflits qui naissent nécessairement du combat livré à l'occasion de l'élection du président, au sein d'une nation divisée en partis ardents et irréconciliables. Ce système donne en outre une forme énergique, et tout à la fois acceptable par les esprits les plus scrupuleux, au pouvoir central du pays.

Cependant, des esprits sérieux ont pensé que les institutions américaines pourraient être essayées en France.

Nous avons cru de notre devoir, après l'exposé de nos principes, de recueillir les faits considérables qui ont présidé à l'avénement de cette vaste organisation.

Notre but est de concilier tous les partis sur le seul terrain où nous croyons la conciliation possible, la RÉPUBLIQUE. Nous avons examiné avec impartialité la situation actuelle des partis en France. Nous terminerons en donnant à nos lecteurs le résumé de ces grands débats du Congrès américain devant lesquels tous les ferments de discorde se sont noblement effacés.

Appelons de tous nos vœux le moment où les générations consentiront à oublier les griefs réciproques de leurs pères, pour fonder, en France, la plus noble, la plus logique, la plus généreuse forme de gouvernement, l'ÉTAT DÉMOCRATIQUE.

APPENDICE.

I.

Convention de Philadelphie.

—

Ce fut un grand jour que celui où les délégués des États se rendirent à Philadelphie, selon les conclusions des commissaires d'Annapolis, pour fonder, la RÉPUBLIQUE DES ÉTATS-UNIS.

De quel esprit de conciliation, de quel sentiment intelligent et profond de leur mission devaient être pénétrés des hommes qui venaient apporter à l'examen commun de leurs droits des origines diverses, des instincts opposés, des passions à peine éteintes, une jalousie toute prête à se réveiller dans leur âme.

Et cependant, en présence des devoirs immenses que leur imposait cette œuvre gigantesque, la Constitution des États, la jalousie se changea tout à coup en sympathie et en bienveillance mutuelles; les passions se sentirent revivre, mais pour le bien; les disparates se présentèrent avec franchise, mais pour se fondre; les instincts naturels éclatèrent dans la discussion, mais pour s'assouplir aux nécessités impérieuses de la fusion des sentiments. Ces hommes du Nouveau-Monde sentaient bien alors (et il y a de cela plus d'un demi-siècle) que Dieu les réservait pour donner à l'univers le spectacle de ce que peut produire la puissance de l'intelligence humaine, quand elle est inspirée pour une sérieuse mission.

Il fallait que l'histoire des temps passés, le souvenir des épuisements de l'ancien monde sous la pression de tous les despotismes, servissent aux États-Unis d'Amérique pour fonder au-delà des mers une Constitution démocratique, afin que, plus tard, après une expérience lentement et glorieusement acquise, les peuples qui voulaient organiser chez eux la liberté pussent aller puiser à cette source nouvelle l'élément des institutions républicaines : et, comme il est certain que la providence préside à toute chose, l'Océan lui-même se fit en quelque sorte le complaisant introducteur de l'ancien monde dans les parages du Nouveau-Monde, en ouvrant sans danger des voies, jusqu'alors redoutables, à la puissance du génie. Dieu voulut que ce pélerinage au foyer de la démocratie devînt facile, afin que la forme des institutions américaines vînt renouveler la face de l'univers.

La Convention de Philadelphie dut choisir pour son président un des représentants de la Virginie, GEORGE

Washington, qui s'était fortifié dans la retraite, pour apporter, comme législateur, le tribut d'un génie dont il avait dirigé l'arme toute puissante à sauver son pays comme guerrier.

C'était à Washington que l'Amérique devait ses libertés : Washington devait diriger les délibérations qui allaient donner à l'Amérique l'exercice de ces libertés.

La première règle adoptée par la Convention fut que les opérations ne seraient valables qu'autant que les députés de sept états au moins y auraient pris part, et que toutes les questions ne seraient décidées qu'à la pluralité des membres ; la seconde règle fut qu'aucun discours prononcé dans l'enceinte des séances ne serait imprimé, publié ou communiqué, sans le consentement des délégués.

II.

Ces préliminaires arrêtés, la première grande question qui fut mise à l'ordre du jour fut celle de savoir si l'on amenderait l'ancien système ou bien si l'on en formerait un nouveau. Cette question présentait la double difficulté d'un travail considérable d'une part, et de l'autre, d'une résistance évidente aux résolutions du Congrès et au mandat reçu par quelques députés, à savoir de se borner à la révision pure et simple des articles de l'acte fédéral. Cependant les formes de l'ancien gouvernement furent jugées si défectueuses, que la majorité se prononça pour un nouveau système, et le 29 mai, Edmond Randolph, un des compatriotes de Washington, représentant comme lui de la Virginie, et, dit-on, guidé par le général, vint soumettre à la Convention quinze articles qui devaient servir de base à la Constitution nouvelle.

Voici le texte de ces quinze articles :

« Art. 1er. Les articles de l'acte fédératif doivent subir telles corrections et augmentations qui seront nécessaires pour atteindre le but de la Constitution, qui est d'assurer aux états leur commune protection, leur liberté et leur bien-être.

» Art. 2. Le droit de suffrage, pour former le pouvoir législatif, sera proportionné au chiffre des contribu-, tions, ou bien au nombre des habitants jouissant de leurs droits, selon ce qui aura été jugé le meilleur mode, à raison des localités ou des circonstances.

» Art. 3. Le pouvoir législatif sera divisé en deux branches.

» Art. 4. Les membres de l'une des deux chambres législatives seront élus par le peuple de chaque état (en se conformant au nombre arrêté, selon les capacités déterminées); ils recevront un salaire pour les indemniser de leur temps, soins et peines pour le service public; ils seront inéligibles à toutes fonctions dépendantes, soit d'un état particulier, soit de l'autorité centrale des Etats-Unis (sauf celles qui ressortissent particulièrement aux attributions de la première chambre), pendant la durée de la session et pendant un espace de temps (déterminé ultérieurement) après la session. Les membres du pouvoir législatif peuvent être réélus.

» Art. 5. Les membres de la seconde chambre législative seront élus par ceux de la première, sauf un certain nombre de membres laissés à la nomination des assemblées locales (leur âge sera déterminé); ils exerceront leur pouvoir pendant un temps suffisant pour assurer leur indépendance. (Mêmes dispositions que dessus pour ce qui concerne l'indemnité, etc.)

» Art. 6. A chaque chambre est attribué le droit d'initiative. Le pouvoir législatif est investi de tous les droits que l'acte fédératif attribue au Congrès; il fait des lois dans les cas qui échappent à la compétence des états pris en particulier, ou dans les circonstances où l'harmonie, qui fait le lien des Etats-Unis, pourrait être troublée par l'exercice des droits d'un état particulier. Il révoque toute loi sanctionnée par un état particulier et qui contreviendrait, de l'avis du pouvoir législatiflatif, aux articles de l'Union, aux traités conclus par l'autorité centrale. Enfin, il peut faire appel à la force publique de l'Union contre tout membre de l'Union qui ne se soumettrait pas aux dispositions législatives qui ont été acceptées par elle.

» Art. 7. Un pouvoir national exécutif devra être institué : il sera choisi, par le pouvoir législatif, pour un nombre d'années qui sera fixé. Le citoyen investi de cette autorité recevra un traitement qui ne pourra être ni augmenté, ni diminué, afin de n'affecter en quoi que ce soit le caractère spécial de cette magistrature, que cette augmentation ou diminution de traitement tendrait à modifier. Ce citoyen sera inéligible une seconde fois ; il jouira des mêmes prérogatives que les membres du Congrès.

» Art. 8. Le pouvoir exécutif, auquel seront adjoints quelques membres du pouvoir judiciaire, devra composer un conseil de révision qui aura la faculté d'examiner chacun des actes du pouvoir législatif central, avant la promulgation, comme aussi chaque acte d'une assemblée locale, avant son rejet définitif. Le dissentiment dans le sein de ce conseil de révision équivaudra à un rejet, à moins que l'acte dont s'agit ne soit de nouveau admis par le pouvoir législatif central, ou à moins que l'acte adopté par une assemblée locale ne soit adopté de nouveau par un certain nombre (qui sera fixé) de membres de chaque chambre du pouvoir législatif central.

» Art. 9. Il sera formé un pouvoir judiciaire. Les membres en seront rétribués, à époques fixes, sans augmentation ni diminution pendant la durée de leurs fonctions. La juridiction des tribunaux inférieurs consiste à connaître en première instance, et celle des tribunaux supérieurs à connaître en dernier ressort, des cas de pirateries ou félonies en pleine mer, de saisies sur l'ennemi, procès entre étrangers ou citoyens des autres états, questions fiscales, etc., etc.

» Art. 10. Des dispositions seront prises pour régler le mode d'admission des états qui se formeront dans l'intérieur du territoire des Etats-Unis, soit au moyen d'une accession volontairement établie par le gouvernement sur ce territoire, soit autrement, et toujours avec le consentement presque unanime des membres qui composeront le pouvoir législatif.

» Art. 11. Le gouvernement républicain sera le gouvernement des Etats-Unis.

» Art. 12. On réglera tout ce qui sera relatif à la continuation du Congrès, de ses priviléges, de son autorité, de sa durée, etc., etc.

» Art. 13. Il sera pourvu aux mesures à prendre toutes les fois que quelques modifications devront être apportées aux articles fondamentaux de l'acte fédéral.

» Art. 14. Les pouvoirs législatif, exécutif et judiciaire, devront prêter serment de donner leur concours à l'exécution de l'acte fondamental.

» Art. 15. Les modifications qui seront proposées par la Convention devront, à une époque qui sera fixée, être soumises à une ou plusieurs assemblées de représentants, lesquels seront spécialement choisis par le peuple pour examiner et déterminer lesdites modifications. »

Ces propositions, dont M. Randolph était rapporteur, et qui avaient pris le titre de *Plan de la Virginie*, furent l'objet des discussions de la Convention jusqu'au 15 juin, époque à laquelle M. Patterson, délégué de New-Jersey, vint présenter les articles suivants comme amendements à ceux proposées à l'acte constitutif.

Il est arrêté que :

« 1° Les articles de la Confédération devront être révisés, corrigés et augmentés, de manière à rendre la Constitution fédérale concordante avec les besoins du gouvernement des Etats et la sûreté de l'Union.

» 2° Aux pouvoirs dont le Congrès (qui représente les Etats-Unis) est revêtu par les articles de la Confédération est ajouté celui de fixer un budget dont les ressources seront assurées par la levée de droits ou impôts sur tous biens et marchandises de provenance ou de fabrication étrangère, importés dans une partie quelconque des états, — par le produit d'un timbre sur le papier, et le tarif des postes pour toutes lettres ou messages confiés à l'administration générale des postes. Ces produits seront appliqués à telles dépenses que le Congrès déterminera. Des réglements d'administration publique en fixeront le mode de perception, lequel pourra être changé ou modifié selon les circonstances. Le Congrès aura le droit de faire des réglements de douane ou de navigation, soit vis-à-vis des puissances étrangères, soit dans l'intérieur, et de déterminer la compétence du pouvoir judiciaire pour les peines qui devront être appliquées à la punition des délits ou contraventions relatifs auxdites lois du commerce, à savoir, en première instance, par devant les Cours locales ; et, en appel, en fait et en droit, par devant la Cour centrale des États-Unis.

» 3° Dans le cas où des réquisitions d'impôts additionnels deviendraient nécessaires, le Congrès des États-Unis sera autorisé à les faire en proportion du nombre des habitants, de race blanche et libre de chaque âge, sexe et condition, y compris même ceux qui seraient esclaves à terme. Des mesures devront être prises de gré à gré avec les états pour le mode de perception de ces impôts.

» 4° Le Congrès devra être autorisé à faire choix

de membres d'un pouvoir fédéral exécutif dont le nombre et les pouvoirs seront déterminés. Ce pouvoir aura dans ses attributions la faculté de nommer les employés de l'administration fédérale, et d'ordonner la direction des opérations militaires. Mais les fonctions de ses membres seront incompatibles avec tout commandement de la force armée, soit pour une entreprise générale ayant un caractère militaire, ou de toute autre nature.

» 5° Une Cour centrale judiciaire sera créée. Ses attributions, sa composition, ses émoluments seront déterminés. Elle devra, entre autres pouvoirs, exercer sa juridiction sur les employés du pouvoir fédéral; régler les droits et priviléges des ambassadeurs, et juger en appel des contraventions en matière commerciale. Toutes autres fonctions ne peuvent être cumulées par les membres de cette Cour centrale.

» 6° Il sera prêté serment à la Constitution.

» 7° Tous les états de l'Union seront tenus d'obéir aux actes émanés du Congrès, dont la juridiction s'étendra sur tous les états ou fractions d'états. Des pouvoirs accessoires seront attribués au Congrès pour sévir contre les contrevenants aux actes par lui adoptés.

» 8° Des mesures seront prises pour comprendre dans l'Union les nouveaux états qui viendraient à se former.

» 9° Des mesures seront également prises pour déterminer la procédure à suivre, en cas de discussion entre les états sur les questions de territoire.

» 10° Il en sera de même pour les naturalisations.

» 11° Si le citoyen d'un état commet un délit sur le territoire d'un autre état, il sera passible des peines déterminées par la législation particulière de ce dernier état. »

Le travail préparé par M. Randolph avait été élaboré, comme nous l'avons dit, par une commission spéciale, dont Washington était le président. Cependant, pour que l'impartialité la plus absolue servît tout d'abord de règle aux opérations de la Convention, l'on donna accès à la proposition de M. Patterson, que l'on avait désignée sous le nom de *Plan de Jersey*. Elle fut discutée. Sept états la rejetèrent, trois l'adoptèrent; les membres de l'état de Maryland furent partagés. Finalement, cette proposition fut rejetée.

Restait donc celle de M. Randolph.

Cette proposition fut l'objet d'une discussion approfondie, qui dura jusqu'au 4 juillet, époque à laquelle, à l'exception des articles qui concernaient les attributions du pouvoir exécutif, le tout fut renvoyé à une commission composée de MM. Rutledge, Randolph, Forham, Ellsworth et Wilson, chargés d'en coordonner les articles et d'en faire la Constitution. Le 26 du même mois, la discussion sur les attributions du pouvoir exécutif fut close, et renvoi fut fait de ces articles à la même commission. La Convention s'ajourna au 6 août, pour entendre le projet de Constitution que la commission avait terminé. La discussion dura jusqu'au 8 septembre. Une commission nouvelle, composée de MM. Johnson, Hamilton, Morriss, Madison et King, fut chargée de « réviser le style et de disposer les articles de la Constitution. »

La Convention avait fait porter son choix sur les hommes qui passaient pour être les plus éminents, soit comme hommes d'État, soit comme écrivains et littérateurs. C'est à ce soin particulier dans le choix de ces hommes que l'on doit attribuer un des mérites les plus remarquables de la Constitution américaine, c'est-à-dire la pureté du style, la disposition heureuse et méthodique des articles dont elle se compose. Ce choix était l'application d'un mot de Washington, sur lequel on peut dire que toute la force et toute la durée de la République des États-Unis repose :

« Ne prenez, disait le général, ne prenez pour vos représentants, pour vos fonctionnaires, que des hommes respectés, occupant les premières places dans la société, en un mot, des *gentlemen.* » (1)

Personne ne niera que si les hommes qui ont fait la révolution de Février, abdiquant une ambition prématurée et maladroite, eussent suivi cette règle, rien ne serait venu entraver la fondation de la République en France.

Ce fut le 12 et le 17 septembre que le rapport de la commission fut présenté aux membres de la Convention, qui, après une session de quatre mois, avaient élaboré, adopté et signé la Constitution des États-Unis.

Examinons comment cette grande œuvre, consacrée maintenant par la durée d'un demi-siècle, est sortie de la discussion sérieuse et indépendante du Congrès.

III.

De la liberté de discussion.

—

Conclave politique et organisateur, le Congrès est réuni, sans qu'aucune pression du dehors, aucune théorie parasite, capricieuse, arbitraire, vienne con-

---

(1) Le mot *gentleman* ne veut pas dire *gentilhomme*, mais *homme comme il faut.* Un ouvrier peut recevoir de ses concitoyens, en Amérique et en Angleterre, cette dénomination de *gentleman*, qui signifie *honorable*, etc.

trarier ses délibérations. C'est là un des premiers éléments de cette force du gouvernement représentatif,
tel qu'il devrait être organisé dans un pays où la souveraineté du peuple serait une conséquence logique de
la délégation issue du suffrage universel.

On comprend ici, et dès le début des opérations législatives de la Convention américaine, l'importance
et la logique de cette décision. Washington avait pris
pour devise deux mots qui paraissent être devenus la
devise des hommes d'État en Amérique : *Slow and
sure, lent et sur*. C'est-à-dire que, pour régler les destinées humaines, soit dans la vie privée, soit dans la
vie publique, les conditions les plus essentielles sont la
lenteur, le calme, le raisonnement, la prudence : de
là naît évidemment l'application la plus probable des
principes du vrai et du juste. Cette vérité a sa formule
en France : *La prudence est mère de sûreté*.

Sans doute, il est indispensable qu'un pays soit ins-
truit des détails de la discussion qui doit produire des
résultats définitifs sur son organisation, sur ses lois.
Mais, si l'on était convenu tout d'abord d'apporter
une extrême franchise dans les actes politiques, il serait d'une probité vulgaire d'admettre que les citoyens auxquels on livre les discours prononcés dans
le sein des assemblées délibérantes, les eussent sous
les yeux tels qu'ils ont été prononcés, et non tels que

les travestissent les rédacteurs de journaux, au caprice de leur appréciation. La mesure adoptée par la Convention américaine eut pour motif la crainte de voir reproduire les discours de ses membres avec tels changements, avec telles altérations, qui eussent compromis, aux yeux de leurs commettants, l'opinion par eux émise ; et, pour des esprits impartiaux, éclairés, c'est un grand et beau spectacle que de voir la population américaine accepter avec respect une décision de cette nature, c'est la preuve la plus évidente d'une confiance réciproque, illimitée.

Que la nation soit sévère dans le choix de ses représentants ; qu'elle soit attentive à ne conférer l'exercice de ses pouvoirs qu'à des hommes dignes de cette haute mission ! mais, ce choix une fois fait, qu'elle soit conséquente avec elle-même, et que l'élu soit indépendant.

Or, y a-t-il indépendance absolue lorsque la polémique prématurée engagée par le public sur la discussion d'une Assemblée délibérante vient troubler, chez le représentant, le travail intime de sa conscience ? Ne conçoit-on pas qu'il soit nécessaire de donner aux élus ce libre arbitre dont les citoyens eux-mêmes auraient besoin pour se former une opinion, sincèrement inspirée par les débats ? N'est-il pas évident, irrécusable, que la discussion contradictoire, les incidents de la séance, la physionomie même que revêt l'Assemblée, forment les éléments nécessaires qui composent, pour un homme consciencieux et éclairé, son sentiment, son opinion, sa conscience?

C'est à cause de cela, c'est par l'appréciation parfaitement juste de l'influence illogique que pouvait exercer sur les délibérations de la Convention la pression du dehors, que les délégués des États-Unis, forts du pouvoir que leur donnait l'élection, s'affranchirent tout d'abord de cette autorité de hasard, de cette discussion capricieuse et incomplète, qui serait venue troubler, dans le sérieux de leur conscience, les laborieux organisateurs d'un État nouveau.

Et si nous insistons sur ce fait, c'est qu'il est concluant, péremptoire, selon nous, pour expliquer ce que doit être le pouvoir délégué, issu de la démocratie. Le suffrage universel doit être sincère, pour être l'expression exacte de la volonté générale; il doit être le résultat d'une opération pour ainsi dire de quintessence, de distillation. L'urne doit être l'alambic des votes. Le suffrage universel ne devrait donc pas être, pour le même vote, répandu sur toute la surface d'un département: c'est beaucoup de l'étendre sur un arrondissement tout entier. La délégation doit se faire à plusieurs degrés pour être le fruit de l'analyse, de l'intelligence et de la connaissance exacte des hommes qui sont appelés à représenter la nation (1).

Liberté pleine, absolue, universelle au vote ; puis , une fois que le vote a parlé, le votant doit se taire, car sa conscience est passée tout entière dans l'âme de son représentant. A chacun son pouvoir : celui de l'électeur a été tout puissant, celui de l'élu doit jouir des mêmes prérogatives. Là est la base fondamentale des pouvoirs démocratiques, sagement et fortement constitués.

Est-ce à dire pour cela que l'opinion doive se taire ? que la liberté de discussion, que l'expression indépendante des théories politiques doive être supprimée le jour où l'Assemblée délibérante tient ses assises ? Non, sans doute ! Et ce serait étrangement travestir cette pensée que de l'interpréter de cette manière. Nous ne parlons que des excès de la presse ou de la parole. Oui, quand un pouvoir élu par le peuple discute les intérêts qui lui sont confiés, nous croyons que c'est porter atteinte au libre arbitre des membres de ce pouvoir, que de peser par la violence sur leurs délibérations. Que l'on soit, avant tout, bien dévoué aux institutions qui ont pour principe la véritable indépendance de son pays, et l'on reconnaîtra bientôt que la discussion n'est sérieuse qu'à la condition d'être libre.

---

(1) Voir dans la première partie, pages 114 et suiv.

Si donc, au dehors de l'Assemblée nationale, si, au dessus des pouvoirs législatifs tels que la discussion les a faits, il se manifeste un pouvoir quelconque, sous une forme quelconque, congrès, club, congrégation, journal même, qui prenne, par l'audace de ses allures, un caractère périlleux pour l'institution fondamentale de l'autorité législative, alors, la liberté dont paraît jouir cette autorité étrangère, porte un préjudice incontestable à la liberté qui faisait la force du pouvoir législatif. C'est évidemment une atteinte portée à la Constitution, à la volonté exprimée au nom de la majorité du pays par le suffrage universel. Ce serait un acte de mauvaise foi que de chercher à contester cette fâcheuse influence ; et, comme il est vrai en théorie et en pratique, que la peur, le découragement, la faiblesse de l'esprit, l'illusion, sont autant de causes accidentelles qui peuvent venir troubler la conscience d'un législateur, s'il cherche des lumières loin du foyer de la discussion engagée par le pouvoir législatif, la conséquence la plus claire, c'est que le résultat final, c'est-à-dire la loi, peut en être singulièrement compromis.

En matière de gouvernement républicain surtout, il faut de la logique.

Vous voulez (et vous avez raison de le vouloir ainsi) la souveraineté du peuple ?

Or, si le peuple souverain délègue ses pouvoirs pour un terme limité, le peuple fait, à partir du jour de la délégation jusqu'au jour où cesse la faculté de le représenter, une sorte d'abdication de son droit, de sa pensée, de sa conscience, de sa voix consultative, lorsque le mandat est spécial.

Vouloir troubler l'exercice de ce pouvoir, c'est une usurpation ; car, après que le droit est donné de faire la Constitution d'un peuple, se substituer à la pensée délibérante, c'est reprendre le lendemain une faculté accordée la veille ; c'est compromettre, par la domination d'une pensée extérieure, la volonté, le libre arbitre.

L'interdiction qui fut faite de publier les discussions de la Convention de Philadelphie fut donc une mesure essentiellement démocratique, en ce sens qu'elle affranchissait la souveraineté du peuple des entraves accidentelles que pouvaient apporter au travail calme et sérieux de la Convention quelques folliculaires, quelque club, quelque conspirateur, qui se seraient placés en dehors de l'autorité légalement constituée.

IV.

Après avoir pris la détermination de former un nouveau système de gouvernement, les états furent unanimes sur la division des pouvoirs en *législatif, exécutif* et *judiciaire*. Il n'y eut pas la même unanimité sur le mode adopté pour la composition de ces pouvoirs, sur l'influence relative des états dans cette composition, et sur les droits dont chaque état serait investi. Excepté la Pensylvanie, tous les états furent d'accord sur la division du pouvoir législatif en deux branches, savoir : une CHAMBRE DE REPRÉSENTANTS et un SÉNAT. Une question délicate se présenta : ce fut de savoir dans quelles proportions les états seraient représentés dans chacune de ces branches du pouvoir législatif; et une longue discussion, de violents débats se soulevèrent principalement en ce qui concerne la représentation des états dans le Sénat. Les états les moins importants de l'Union consentirent, non sans peine, à ce que le droit de suffrage dans la Chambre des représentants fût établi en proportion du nombre intégral des blancs et des citoyens jouissant de leurs droits civils, y compris les serviteurs à gages pour un certain nombre d'années, et les trois cinquièmes des autres individus. Mais, tout en accordant ce point, ils réclamaient avec instance que le droit de vote dans le Sénat fût égal pour chaque état. Or, les états les plus importants de l'Union refusèrent leur consentement; il y eut presque division pendant quelque temps à cet égard.

Six états contre cinq décidèrent, à la première preuve, qúe le droit de suffrage dans le Sénat serait le même que dans la Chambre des représentants : Massachusets, la Pensylvanie, la Virginie, la Caroline du nord, la Caroline du sud et la Géorgie furent pour l'affirmative ; le Connecticut, New-York, New-Jersey, Delaware et le Maryland furent pour la négative.

Ce fut le 29 juin que, sur la motion de M. Ellsworth, se produisit la question de savoir si, dans le Sénat, chaque état aurait le même droit de vote.

Voici dans quels termes M. Ellsworth soutint son opinion :

« J'avoue, dit-il, que le résultat de cette proposition sera de rendre le gouvernement général partie fédératif et partie national. Or, c'est précisément ce qui assurera la sécurité de l'Union, nonobstant les objections que ce système devra soulever parmi les états les plus importants. Si les grands états s'opposent à l'adoption de ce plan, nous serons séparés pour toujours : ils ont la plus grande influence dans le pouvoir exécutif ; pour se maintenir, tous les états doivent avoir un droit égal de vote dans le gouvernement général. »

M. Baldwin (de Géorgie) dit qu'il était nécessaire de constituer le pouvoir d'une manière énergique et durable. Mais, selon lui, il faut que le gouvernement ne soit pas investi d'une force trop grande, et, pour cela, il est indispensable que la seconde branche du pouvoir ne sorte pas d'une élection semblable à celle qui compose la première. A l'imitation de la Constitution de Massachusets, une première chambre doit représenter le peuple ; une autre, la propriété.

M. Madison veut avant tout éviter toute inconséquence, toute contradiction dans la formation du gouvernement. Il ne faut pas multiplier, comme à dessein, les altérations que l'on se propose de faire dans les institutions politiques ; cela ne se fait pas sans un véritable danger. Les factions, le tumulte, les mouvements révolutionnaires sont le cortége habituel de ces modifications constitutionnelles. En Amérique, le point délicat, celui sur lequel doit porter l'attention des législateurs, c'est d'arriver à concilier les intérêts du Nord et du Midi, qui sont opposés les uns aux autres. C'est la situation géographique, bien plus que l'importance des états qui dicte les votes dans le Congrès.

Le véritable point sur lequel la division peut s'établir, c'est évidemment la question des contributions votées par une branche et qui peuvent être rejetées par l'autre. Au Congrès, on a vu l'état de Delaware s'opposer à un embargo qui était, par les autres états, jugé nécessaire, indispensable pour protéger l'armée.

M. Wilson (de Pensylvanie) aborde cette importante question avec toute franchise, sans s'arrêter à cette assertion, que si elle est rejetée il s'ensuivra, selon l'opinion de quelques orateurs, une séparation entre les états du nord et ceux du sud ; car, si la minorité croyait devoir refuser son adhésion au plan du nouveau gouvernement, il lui paraît impossible que, dans ce cas, la majorité, qui se compose des trois quarts de la population américaine, le cède aux exigences du dernier quart. Or, pour qui la Convention décrète-t-elle une Constitution ? Est-ce pour des hommes, ou pour une distinction imaginaire et métaphysique d'êtres de raison auxquels on donne la dénomination d'états ? Ce qu'on appelle le droit des *états* doit-il être sacrifié aux droits des *citoyens* ? Le nombre, l'importance des votes, voilà ce qui constitue les vrais principes ; tout le reste n'est qu'une question de localité, qui n'est que circonscrite, et conséquemment sans valeur réelle. Une objection grave en apparence a été soulevée, à savoir, s'il n'y aurait pas un danger réel à laisser aux trois plus grands états la possibilité de combiner ensemble leurs forces et de former ainsi, au dessus des autres, une sorte d'aristocratie, de monarchie même. « Laissez-les faire, dit l'orateur, et bientôt ce ne sera plus un danger : la rivalité viendra d'elle-même détruire ce principe d'unité que vous redoutez. Le principe d'a-

ristocratie que l'on redoute n'est pas plus à craindre
des grands que des petits états. »

V.

La discussion avait été circonscrite dans les termes
de la plus étroite réserve, de la dignité la plus absolue.
Un membre, M. Bradford, de Delaware, vint mettre une
véritable passion à défendre la cause des petits états.
« Vous prétendez mettre de l'équité dans les délibérations, dit-il : voyez ce qui se passe dans cette enceinte !
Vous ne pouvez nier, certes, que les votes ont été déterminés selon la proportion du nombre, de la richesse,
des intérêts des localités représentées, et que les grands
états ont agi exactement comme si les états les moins
importants étaient aveugles. Ils ont beau mettre en
avant la pureté de leurs intentions, dire que le gouvernement général doit être posé sur une représentation
tion du peuple posée sur des bases équitables, dont
l'égalité des suffrages serait le principe : ces arguments ne sont que des faux-fuyants pour déguiser
leur ambition et lui donner une force réelle. Qu'il leur
plaise à dire que le danger est imaginaire ; que l'ac-
croissement des pouvoirs du gouvernement central ne
se fera pas sans qu'il en résulte un avantage réel pour
le bien-être de la communauté, et que ; si les grands

états forment une majorité dominante dans l'Union, il ne s'ensuivra pas pour cela la moindre injure pour les états moindres; en ce qui me concerne, messieurs, je ne m'en fie pas à ces belles paroles! Le pouvoir a des séductions pour celui qui le tient, et rien ne me prouve que vous n'en ferez pas abus! Arrière cette prétendue rivalité, cet antagonisme sur lequel vous comptez pour l'affaiblissement de votre puissance par la division : cela n'est qu'un langage fait pour nous amuser, et la rivalité dont vous parlez, et qui divisera les grands états entre eux, vous inspirera tout aussi bien et beaucoup plus ardemment à l'égard des petits états.

» Au reste, continue l'orateur, en se laissant entraîner malgré lui, vous pouvez nous menacer de votre prédominance; nous saurons bien, nous, petits états, nous coaliser pour miner dans leur base vos prétentions, votre outrecuidance! Et si cette coalition, énergique, décidée, était insuffisante, eh bien! nous ferions appel à des pouvoirs étrangers, qui viendraient à notre secours! »

A cette sortie, M. King se lève et oppose au langage exagéré de M. Bradford un langage simple et tout à la fois énergique. Il est de ceux qui nient que chaque état doit conserver la forme et les pouvoirs de son administration propre; il est essentiellement partisan du système fédératif; mais le gouvernement central doit précisément avoir pour but principal, tout en servant de point d'appui aux états particuliers, de donner au système fédératif toute force et vigueur : c'est là le problème à résoudre. C'est à la concordance des intérêts particuliers avec l'intérêt général que travaille la Convention; et ce travail, si délicat qu'il soit, n'est pas sans précédents. « Est-ce que, par exemple, dit l'orateur, les droits de l'Écosse ne sont pas à l'abri de tous les empiétements, quoique l'Écosse ne soit que bien faiblement représentée au parlement anglais? Est-ce qu'il ne peut en être ainsi dans l'organisation de notre gouvernement? Que l'orateur qui me précède, s'écrie M. King, s'empresse de rétracter des paroles qui m'ont jeté dans une véritable consternation! Qu'il nous dise qu'elles ont été prononcées sous l'influence d'une passion dont il regrette l'explosion! Non, ce n'est pas sérieusement qu'il a pu dire que l'état auquel il appartient ferait appel à des pouvoirs étrangers, qui viendraient à son secours! Jamais, pour mon compte, quelle que puisse être ma détresse, je n'aurais recours à un pouvoir étranger pour m'en relever. »

A peine ces paroles étaient-elles prononcées, que l'on vit se lever le vénérable chef, le créateur philosophique de la démocratie américaine, le docteur Francklin, alors âgé de quatre-vingt-deux ans. « Laissez-moi

vous le dire avec effusion , dit-il : jusqu'à ce moment,
jusqu'à la discussion qui s'est ouverte sur la question
de la représentation proportionnelle , j'ai vu avec un
sentiment de satisfaction profonde que nos débats s'é-
taient développés avec calme. J'espère que ce qui vient
de se produire en ce moment ne se reproduira pas.
Nous sommes dans cette enceinte pour *discuter* et non
pour *disputer* entre nous. La déclaration tranchée par
laquelle un des nôtres énonce une opinion qui serait
invariable ou inflexible, ne peut nous apporter ni lumière ni conviction. Absolus ou passionnés, vous vous
préparez des adversaires qui vous opposeront les mêmes armes ; et il ne pourra résulter de tous ces conflits
que des divisions intestines, dont les effets seront
désastreux, au moment même où la plus grande harmonie, l'union la plus solide sont indispensables pour
donner quelque poids à nos conférences et les rendre
efficaces pour le bien commun.

» Pour mon compte, je l'avoue : dans l'origine, j'étais
d'avis qu'il vaudrait mieux que chaque membre du
Congrès, c'est-à-dire de notre Conseil national, se con-
sidérât comme le représentant de l'Union, plutôt que
comme un agent chargé des intérêts d'un état en
particulier. Dans ce cas, la question s'agrandissant, de
quelle importance devenait le point de savoir dans
quelle proportion entrerait le chiffre des représen-

tants pour chaque état; et si le vote compterait par individus ou par état? Malheureusement, la discussion m'a prouvé que cette espérance n'était qu'une illusion; et maintenant je pense qu'en effet, le nombre des représentants doit être déterminé d'après le nombre des citoyens représentés, et que les suffrages doivent être comptés par la majorité des membres, et non par la majorité des états. Je ne puis m'arrêter à cette objection : que les plus grands états pourront annihiler les plus petits; car je ne vois pas, en ce moment, quels grands avantages les grands états pourraient avoir la prétention de revendiquer à leur profit, et, conséquemment, je ne puis comprendre dans quel but ils pourraient se rendre coupables d'un tel attentat. Je me souviens qu'au commencement du siècle, quand on proposa l'union des deux royaumes l'Angleterre et l'Ecosse, les patriotes écossais s'émurent; et, tout de suite, il leur vint à l'esprit cette crainte que, s'ils n'avaient pas au parlement un nombre de représentants égal à celui des représentants anglais, ils seraient vaincus par la supériorité du nombre de leurs rivaux. Mais ils cédèrent néanmoins aux considérations si importantes de l'union, et ils consentirent à n'avoir que quarante membres dans la Chambre des communes, et seulement seize pairs dans la Chambre des lords. Or, aujourd'hui même, je n'ai pas souvenance que rien ait été fait dans le parlement de la Grande - Bretagne, au préjudice de l'Écosse; et si l'on jette les yeux sur la liste des fonctionnaires publics, civils ou militaires, de cette nation, on y trouvera que les habitants du nord de la Grande-Bretagne n'ont pas à se plaindre. »

Francklin termine son discours en appelant l'attention du Congrès sur l'importante question des impôts, et il se demande si, dans le cas où les votes seraient égaux, en les comptant par état, au lieu de les compter par représentants, les petits états ne seraient pas équitablement imposables au même degré. Il rappelle enfin, comme prouve évidente, que le mode de vote par états a été considéré comme injuste et contraire à tout principe d'égalité; que, le 6 septembre 1774, le motif qui l'avait fait adopter par le premier Congrès fut précisément l'impuissance complète où l'on était de déterminer l'importance proportionnelle des diverses colonies qui venaient s'adjoindre à l'Union. Par conséquent, il y avait une arrière-pensée évidente, qui réservait la question, dans le cas où cette importance serait déterminée.

Le 2 juillet, on mit aux voix la motion produite par M. Ellsworth, à savoir que, *dans le Sénat, chaque état aurait un seul vote.* Cinq états adoptèrent cette motion, cinq la repoussèrent; les voix d'un état furent divisées.

VI.

Une division des votes sur une question de cette importance, débattue avec tant de chaleur, de passion, fut un symptôme effrayant pour l'avenir ; et l'on craignit de voir les travaux du Congrès compromis par un tel précédent.

Ce fut par suite de ces craintes que Charles Pinckney, de la Caroline du sud, proposa la nomination d'une commission chargée d'examiner la question de savoir s'il y aurait ou non deux branches du pouvoir législatif. Ce ne fut pas sans une vive opposition que cette motion prévalut.Quelques membres furent d'avis de nommer une commission, bien qu'ils n'eussent pas grande confiance dans le résultat ; M. Martin, représentant de Maryland, déclara que, si chaque état ne devait pas jouir de l'égalité du vote, il lui paraissait inutile que le Congrès continuât ses opérations.

M. Sherman s'éleva contre l'hésitation qui dominait la discussion. La commission pouvait mettre tout le monde d'accord. M. Gevry fit remarquer que le monde entier avait les yeux sur les États-Unis. Il fallait, de toute nécessité, terminer ce conflit ; autrement on exposait le pays à la guerre, à la confusion : il faut se faire des concessions mutuelles ; il faut un accommodement général, afin de faire disparaître les griefs ou les erreurs qui sont la conséquence nécessaire du travail qui les occupe.

Alors, dans ce moment solennel, où les destinées de l'Amérique étaient confiées à cette Convention; et, sous l'émotion profonde que venait de causer le dissentiment considérable qui se manifestait, le vénérable Francklin demanda de nouveau la parole, et, avec cet accent que la Providence sait donner à certains hommes qu'elle a choisis pour sanctifier les destinées de leur pays, il fit une motion qui éleva tout à coup le conflit à une hauteur telle, que les petites dissidences durent à l'instant disparaître et s'éteindre dans un oubli commun.

Cette motion, ce fut d'ordonner qu'une prière fût adressée à Dieu au commencement de chaque séance.

Quel beau spectacle que de voir Francklin, debout, s'adressant au président de l'Assemblée, qui était Washington, et imposant, à ces représentants, que son émotion avait fait lever de leurs siéges pour l'entendre, son langage inspiré par Dieu. Il semblait que l'Amérique tout entière écoutât son saint discours...

> ..... Si forte virum quem
> Conspexere... Silent, arrectisque auribus adstant!!

« Monsieur le président, dit Francklin, les progrès si

lents que nous avons faits depuis quatre ou cinq semaines, le temps employé à des tournois de paroles,
nos divisions sur chaque principe, le parti pris de ne résoudre les questions que par *oui* ou par *non*, tout cela
est pour moi une preuve bien douloureuse de l'imperfection de l'intelligence humaine. C'est surtout depuis
que nous nous sommes mis avec ardeur à la recherche
de la sagesse politique, que nous avons eu à sentir
bien profondément toute notre insuffisance. Nous
avons fait un examen rétrospectif de l'histoire ancienne pour y trouver des modèles de gouvernement,
et nous avons aisément reconnu que les républiques
fondées avec les éléments de leur propre ruine ne
devaient pas durer longtemps ; puis, interrogeant les
institutions modernes de l'Europe, nous n'avons rien
trouvé qui pût s'approprier à nos convenances. Dans
cette situation, au milieu de nos recherches parmi les
ténèbres pour rencontrer la vérité politique, comment
se fait-il que nous n'ayons pas songé un seul instant
à nous adresser au créateur de toute lumière pour
éclairer notre intelligence ? Je m'en souviens ; au commencement de nos querelles avec l'Angleterre, quand
nous étions sous l'influence d'une crainte, nous nous
levions tous, pieusement, dans cette même enceinte,
et nous adressions une prière à Dieu pour implorer
sa protection. Nos prières ont été exaucées. La grâce

divine y a répondu. Quel est celui d'entre nous, engagé dans cette grave querelle, qui n'a reconnu bien
souvent l'intervention visible de la Providence en notre
faveur? N'est-ce pas à elle que nous devons de pouvoir, en ce moment, nous consulter librement et en
paix sur les moyens de fonder pour l'avenir le bonheur
de notre pays? Avons-nous donc oublié la puissance
de cet ami? Croyez-vous que nous puissions nous
passer longtemps encore de son secours? J'ai déjà
parcouru une longue carrière, Monsieur le président,
et plus je vis, plus je suis convaincu de cette vérité que
Dieu gouverne les affaires des hommes. (*God governs
in the affairs of men !*) Croyons aux saintes Ecritures,
qui disent que « si le maître ne construit pas l'édifice,
le travail de ceux qui tentent de l'élever sera stérile. »
J'y crois fermement pour mon compte, et je crois
aussi que, si nous voulons nous passer de son appui,
nous ne réussirons pas plus à construire notre édifice
politique que n'ont réussi dans leur œuvre les cons-
tructeurs de la tour de Babel ; nous continuerons à
être divisés par nos petits intérêts particuliers, et nous
mériterons ainsi les reproches de la postérité. Quoi de
pire que de désespérer, ainsi que nous paraissons le
faire, de fonder notre établissement sur la raison
humaine, et de nous en reposer sur le hasard, sur la
guerre ou sur la conquête !

» Voici donc la motion que j'adresse au Congrès : c'est qu'une prière, ayant pour but d'implorer l'assistance du Ciel et ses bénédictions sur nos délibérations, soit faite, dans cette Assemblée, chaque matin, avant de procéder à nos travaux, et qu'un ou plusieurs membres du clergé de cette ville vienne lui-même remplir ce saint ministère. »

La motion du vénérable Francklin s'empara de tous les cœurs et fut le prélude de la bonne harmonie du Congrès. Un comité fut choisi au scrutin parmi les membres de chaque état, et la Convention s'ajourna à trois jours.

VII.

Cette mesure eut un heureux résultat. Les membres du comité se mirent d'accord, et, le troisième jour, ils firent deux propositions ; l'unanimité devait être la condition de leur adoption. Voici ces deux propositions :

« 1° Dans la première Chambre du pouvoir législatif, chaque état aura un représentant par quarante mille habitants ; si l'état ne comprend pas ce nombre d'habitants, il aura un représentant ; tout bill ayant pour objet la levée et la destination spéciale d'un impôt, la fixation des salaires des employés du gouvernement des États-Unis, devra être voté par la première Chambre et ne pourra être modifié ni amendé par la seconde, et aucuns fonds ne seront détournés du trésor public que pour être appliqués selon les prescriptions de la loi votée par la première Chambre.

» 2° Dans la seconde Chambre, chaque état aura un vote. »

Ainsi, le pouvoir de voter les impôts, de fixer les appointements des fonctionnaires, fut attribué à la Chambre des représentants, où les états étaient représentés proportionnellement au nombre des habitants, comme pour faire équilibre aux pouvoirs du Sénat, où chaque état se trouvait également représenté.

Ces deux propositions furent adoptées.

Ce problème étant enfin résolu, la Convention dut s'occuper des détails de cette grande question de la représentation nationale. On en retrouve les diverses dispositions dans le texte de la Constitution même.

VIII.

La question la plus délicate qui fut soulevée fut celle qui définit les attributions du gouvernement de cette nouvelle nation. Question ardue, délicate, et qui présentait la double difficulté de constituer le pouvoir de l'Union sur des bases durables et en même temps de ne pas froisser, en imposant des concessions réciproques devenues indispensables, les habitudes, les

exigences du peuple américain, dont il fallait définitivement obtenir l'assentiment.

C'est là la grande tâche de cette Convention, celle
qu'elle a remplie avec un sens politique plein de
précision et de grandeur, parce qu'elle parvint à
concilier la nécessité de former un corps national,
une administration centrale, un gouvernement des
États-Unis; avec le respect du pouvoir partiel des
états, et de leur indépendance particulière. Voici
quelles furent les attributions respectives du pouvoir
central et des états.

Au Congrès fut déléguée la faculté de :

Déterminer et percevoir les taxes, droits, impôts
et contributions diverses;

Payer les dettes, et pourvoir à la défense commune
et au bien-être des États-Unis ;

Rendre uniforme pour tous les états la fixation et
la perception des impôts ;

Contracter les emprunts ;

Faire tout règlement en ce qui concerne le commerce avec les nations étrangères et celui des états
entre eux, ou des états avec les tribus indiennes;

Établir une règle uniforme pour la naturalisation,
comme aussi rendre applicables pour tous les états les
lois particulières aux faillites et aux banqueroutes;

Déterminer la pénalité en ce qui concerne la contrefaçon du sceau des États-Unis ;

Établir le service des postes ;

Encourager le progrès des sciences et des arts usuels en assurant pour un temps déterminé aux auteurs et inventeurs la propriété exclusive de leurs écrits et de leurs découvertes ;

Constituer les Cours de justice ;

Définir et punir la piraterie, et les crimes commis en mer, ainsi que ceux commis contre les lois internationales ;

Déclarer la guerre, donner des lettres de marque et de représailles, déterminer les règles concernant les saisies sur terre et sur mer ;

Lever et entretenir une armée ; mais à la condition que l'emploi des ressources du trésor n'en sera pas fait pour un terme plus long que deux années ;

Organiser et entretenir une marine ;

Régler l'administration des forces de terre et de mer ;

Pourvoir au meilleur mode d'organiser une milice ayant pour objet de faire exécuter les lois de l'Union, d'arrêter les insurrections, de repousser les invasions ; cette milice devant être répartie selon des proportions convenues entre les divers états, soldée par eux, etc.

Ces mesures devaient d'ailleurs être prises de manière à ne compromettre en rien les pouvoirs distinctement attribués aux divers états qui, en modelant sur la règle générale les dispositions qui devaient leur être particulières, devaient armer leur milice, acquérir et fortifier certaines portions du territoire américain, construire leurs magasins, leurs docks, leurs arsenaux, formuler leurs règlements, toujours en se conformant à la Constitution adoptée pour le gouvernement des États-Unis. En un mot, et c'est là précisément qu'est le principe fondamental de cette vaste conception de l'institution des États, la Constitution fut faite en vue de déterminer des règles générales, sans pour cela toucher en rien aux règles spéciales, adoptées par chacun des états en particulier.

Après avoir ainsi attribué ces pouvoirs au gouvernement général, les membres de la Convention crurent devoir les restreindre en certains cas spéciaux et précis. Il fut arrêté que le commerce des esclaves ne serait interdit qu'à partir de 1808 ; que, jusqu'à cette époque, l'impôt relatif à ce commerce n'excéderait pas dix dollars par esclave ; que le privilége consacré par le *Writ of habeas corpus* ne serait suspendu qu'en cas de rébellion ou d'invasion ; que rien ne serait changé dans les taxes, les droits, les règles du commerce, le revenu des ports, qui pût constituer un privilége en faveur d'un état à l'égard d'un autre état. Enfin, une mesure vint mettre en relief le sentiment de fierté nationale qui servit d'élément et de base à l'organisation de l'Union, à l'égard de l'influence si redoutée des états étrangers : il fut interdit à tout citoyen qui, par ses fonctions ou sa position personnelle relevait de l'autorité des États-Unis, de recevoir sans le consentement du Congrès aucun présent, aucun émolument, aucun office, aucun titre de quelque dénomination que ce soit, d'aucun roi, d'aucun prince, d'aucun État étranger.

Pendant que, d'une part, le Congrès donnait aux états toute garantie contre les abus du pouvoir central, il crut nécessaire de restreindre dans certaines limites le pouvoir des états eux-mêmes, afin de garantir le pouvoir central contre l'abus qu'en auraient pu faire les différents états de l'Union. C'est ainsi qu'il leur fut interdit de contracter aucun traité, aucune alliance, ou confédération; d'accorder des lettres de marque et de représailles; de battre monnaie; de créer un papier de crédit; de payer autrement qu'avec des monnaies d'or et d'argent ayant cours; de constituer aucun titre de noblesse. Il fut également défendu d'établir aucun droit, aucun impôt sans le consentement du Congrès, sauf les règlements relatifs à la perception.

Pour empêcher les empiètements que l'on pouvait craindre des pouvoirs particuliers sur le pouvoir central, quelques membres de la Convention jugèrent nécessaire de donner au pouvoir législatif national le droit de *veto* sur les lois ou mesures qui pourraient être contraires aux décisions prises par l'Union, ou aux traités conclus au nom des États-Unis. Ce fut M. Randolph qui fit cette proposition, et le comité dont il faisait partie y donna son adhésion.

Cependant, la Convention considéra cette mesure comme exorbitante, et elle la rejeta à la majorité de sept états contre trois (1).

L'organisation du pouvoir suprême exécutif présente quelques difficultés qui venaient non seulement de la nature même du sujet, mais encore des complications inhérentes au système de gouvernement adopté par la Convention.

Après mûre délibération, le 26 juillet, la Convention, à la majorité de six états contre trois et un à l'état de partage, adopta le projet suivant, qui servit de base à la constitution du pouvoir exécutif. Il fut arrêté :

Que ce pouvoir serait conféré à un seul individu ;

---

(1) Pour : Massachusets, Virginie, Caroline du nord.
Contre : Connecticut, New-Jersey, Pensylvanie, Delaware Maryland, Caroline du sud, Georgie,

Qu'il serait choisi par le pouvoir législatif ;

Pour un délai de sept années ;

Qu'il serait *inéligible* une seconde fois ;

Ses attributions consisteraient à faire exécuter les lois de l'Union ;

A nommer aux emplois pour lesquels il ne serait pas pourvu par des dispositions particulières ; il serait révocable pour cause d'empêchement ou malversation et négligence de ses devoirs. Des émoluments lui seraient attribués pendant la durée de ses fonctions ;

Ils lui seraient payés sur des ressources à part, créées en dehors du trésor public.

Ce projet avait été élaboré par le comité de Constitution : il fut soumis le 31 août à l'examen d'un comité composé d'un membre de chaque état : et, le 4 septembre, ce comité proposa un nouveau projet qui, après quelques amendements, fut adopté.

Le texte de la Constitution, à la fin de ce livre, indique dans quels termes furent adoptées les dispositions qui constituèrent le pouvoir exécutif des *États-Unis* (titre deuxième de la Constitution).

XI.

L'accomplissement d'une pareille tâche dut se faire après de longues discussions, et tous les points traités par les membres de la Convention furent souvent modifiés ou complètement changés ; l'œuvre ne sortit pas de leurs mains telle qu'ils l'avaient primitivement conçue et arrêtée dans leurs esprits. Ce fut même là un des signes les plus remarquables de la haute mission que venaient d'accomplir ces hommes, fondateurs indépendants des libertés de leur pays, qu'ils sacrifièrent volontiers leurs intérêts particuliers, leurs passions ou leurs préjugés à l'intérêt public, à la nécessité suprême de constituer un État, devenu fort par le concours de tous.

Ainsi, M. Hamilton, de New-York, par exemple, n'avait pas été primitivement de l'avis de MM. Randolph et Patterson. Il demandait que l'élection des représentants fût faite pour trois ans, et que les sénateurs et le président fussent élus pour un temps indéterminé ; que les sénateurs fussent choisis par le peuple, et qu'à cet effet, les états fussent divisés en districts électoraux ; que le président fût élu par des électeurs, issus eux-mêmes de l'élection des districts (élection au 2ᵉ degré) ; que le président eût le droit de *veto* sur les lois proposées, et qu'il fût chargé de l'exécution des lois adoptées ; qu'il eût le pouvoir, avec l'approbation du Sénat, de contracter des traités et de nommer aux fonctions publiques ; que l'autorité judiciaire fût conférée à des juges exerçant leur juridiction tant qu'ils n'auraient pas démérité ; qu'enfin le gouverneur de chaque état fût à la nomination du pouvoir central ; avec droit de rejet pour toutes lois adoptées par l'état placé sous son autorité.

Pour donner une idée de la marche suivie dans cette discussion, nous citerons une lettre du colonel Hamilton au colonel Pickering quelques années plus tard (en 1803).

New-York, 16 septembre, 1803.

« Mon cher colonel ......, les principales propositions que j'ai cru devoir faire à la Convention portaient sur le président, le Sénat, la durée des fonctions judiciaires, celle de la législature à trois années ; enfin, tout en cherchant les moyens d'agrandir les attributions du pouvoir législatif central, je n'ai jamais voulu abolir l'autorité des états, qui devaient, au contraire, trouver dans mon plan, une place importante.

» Ce plan, je cherchais surtout à lui imprimer un caractère concordant avec les principes essentiellement démocratiques du gouvernement républicain ; c'est-à-dire tel, que le suffrage du peuple vînt composer les organes principaux du pouvoir législatif et du pouvoir exécutif, en sorte que toutes les fonctions fussent déléguées, avec le double caractère de la *responsabilité* personnelle et de l'*amovibilité*.

» On soumit au vote une proposition sur le pouvoir exécutif. Cinq états se prononcèrent pour l'affirma-

tive; la Virginie fut un de ces états, et, bien que, par
le mode adopté pour voter (ce qui se faisait par délégation générale), les votes individuels ne fussent
pas distincts, je suis moralement sûr, d'après la situation particulière de l'état de Virginie, que Madison a
voté en ma faveur. Certes, si l'on m'accuse d'avoir ainsi
porté atteinte au principe républicain, Madison doit
partager avec moi l'accusation.

» Je dois ici déclarer, d'ailleurs, que jamais je n'ai
proposé un *président ou un Sénat à vie*, et que je n'ai
pas voulu davantage annihiler le gouvernement des
États.

» Je dois dire aussi que, dans le cours de la discussion de la Convention, aucune des propositions soumises aux débats, aucune de celles qui avaient reçu
tout d'abord la consécration d'un vote provisoire, n'ont
été regardées comme l'opinion définitive de celui qui
avait pris l'initiative ou qui avait appuyé de son adhésion la motion proposée. Tout le monde a pu comprendre, ainsi que moi, que, pour donner à nos recherches un véritable caractère d'indépendance et de
liberté, il convenait d'en faire l'expérience par des propositions qui venaient ainsi se placer d'elles-mêmes
sous l'épreuve d'un examen attentif et consciencieux.

» Ainsi, mon avis fut finalement contre la durée in-
déterminée du pouvoir exécutif, parce qu'il m'a paru

que c'était mettre en péril la tranquillité publique que de la soumettre aux chances d'une élection de cette espèce, pouvant durer la vie, pouvant être renversée au lendemain même du vote. L'importance d'une détermination fixe de la durée de ces fonctions me parut telle que, dans un projet de Constitution que j'esquissai pendant la session de la Convention, et que je communiquai à M. Madison, je proposais de fixer à trois ans la durée du pouvoir présidentiel.

» J'appuyais ma proposition sur trois motifs : 1° Que notre pays, par ses principes essentiels, ne pouvait accepter d'autre forme de gouvernement que le gouvernement républicain ; 2° que, dans la situation du pays, il me paraissait indispensable, nécessaire, que l'expérience d'un tel gouvernement fût faite ; 3° que, pour que cette expérience fût faite consciencieusement et d'une manière efficace, il fallait que la forme adoptée par le Congrès fût essentiellement conséquente avec le principe.

» Tels ont été les sentiments pleins de sincérité qui m'ont fait agir.

« Votre ami, A. HAMILTON. »

Un des faits les plus remarquables qui se trouvent relevés par la lettre du colonel Hamilton, c'est la déférence avec laquelle les membres de la Convention s'empressèrent de se concilier entre eux. Nous avons

déjà vu plus haut comment fut vidée cette question
délicate du *vote par état*, et du *vote individuel*. Ré-
former l'ancien système, construire un édifice tout à
fait nouveau, formuler les articles d'une charte d'association, de confédération, telle, que les états for-
massent une *ligue* amicale des uns avec les autres,
ayant pour objet leur commune protection, leur bien-
être et leur prospérité ; donner au *peuple* la faculté
d'établir, sur des bases durables, un gouvernement
ayant le même but ; tels furent les principes qui ani-
mèrent les membres de cette Convention.

Ce magnifique travail fut un travail de concessions
mutuelles.

Tantôt, le pouvoir législatif est investi du pouvoir
exclusif de régler les traités commerciaux avec les nations étrangères, et par conséquent de promulguer
les actes relatifs à la navigation : dès lors, une division
se manifeste nécessairement entre les états ayant un
intérêt dans la question maritime et ceux qui n'en
ont aucun. Mais bientôt, et dans le premier travail de
la Constitution, il est disposé que les lois de navigation ne pourront être adoptées que si elles réunissent
l'assentiment des deux tiers des membres présents,
dans les deux chambres du pouvoir législatif.

Tantôt, il s'agit de la question de l'esclavage :

Des états font la traite : Ils veulent s'affranchir de

tout droit, de tout impôt relatif à ce commerce. Une clause est immédiatement insérée, en vertu de laquelle le Congrès déclare ne pas interdire la traite jusqu'à l'année 1800 ; et le droit, qui ne sera perçu qu'en 1808, ne sera que de dix dollars par esclave.

Jusqu'au dernier jour de la discussion, jusqu'au moment où les membres du Congrès apposèrent leur signature au bas du projet de Constitution, on les admit à faire des propositions, à introduire des amendements. Tous furent discutés ; quelques-uns même furent adoptés. Ainsi, ce fut le dernier jour de la session que le général Washington se leva et dit :

« Bien que ma conscience me reproche d'intervenir dans ces débats, moi, le président de la Convention, je crois, néanmoins, qu'il est de mon devoir de signaler un vice dans le projet de Constitution : c'est le petit nombre des représentants du pouvoir législatif. Je crois donc qu'il serait plus conforme au vœu du peuple d'augmenter ce nombre, et de le fixer à un représentant sur trente mille, au lieu de un sur quarante mille habitants. »

Cette proposition de Washington fut immédiatement adoptée à l'unanimité.

Les membres de la Convention étaient au nombre de cinquante-cinq. Trente-neuf signèrent le projet de Constitution. La plupart des seize autres avaient été forcés d'abandonner les travaux de la Convention par des causes particulières qui les rappelaient dans leurs foyers.

X.

La Constitution fut transmise au Congrès, accompagnée d'une lettre du président de la Convention, et que voici :

« Nous avons l'honneur de soumettre à l'examen des États-Unis, assemblés en Congrès, ce projet de Constitution, qui nous paraît le plus convenable à leurs intérêts.

» Les amis de notre pays ont, depuis longtemps, désiré que le pouvoir de faire la paix et la guerre, de conclure les traités, de lever les impôts, de soumettre le commerce à certaines règles, de constituer les agents du pouvoir exécutif et judiciaire, fût confié à un gouvernement central de l'Union. Il eût été manifestement impraticable de conférer ce pouvoir à une Assemblée. Il était également impossible, le principe d'un gouvernement fédéral étant adopté, d'assurer tous les droits d'une souveraineté indépendante à chaque état, et de pourvoir tout à la fois à la sûreté et aux intérêts de tous. Il appartient aux hommes qui forment entre eux une société de faire abandon d'une parcelle de leurs libertés propres, afin de s'assurer l'exercice des autres. La grandeur du sacrifice doit dépendre aussi bien de la situation et des circonstances que du but que l'on veut atteindre. Dans tous les temps, il est difficile de tracer avec précision la ligne de démarcation nécessaire entre les droits dont il convient de faire l'abandon et ceux qu'il faut se réserver; cette difficulté s'est accrue, dans les circonstances actuelles, de la différence essentielle des états entre eux, sous le rapport de leur situation, de leur importance, de leurs coutumes et de leurs intérêts particuliers.

» Dans toutes nos délibérations sur ce grave sujet, nous n'avons pas un instant perdu de vue ce qui nous paraissait être l'intérêt le plus considérable d'un véritable Américain, à savoir la consolidation de notre Union, qui renferme notre prospérité, notre bonheur, notre sûreté, peut-être même notre existence comme nation. Cette considération si importante a fait dans nos esprits une impression si profonde, que la Convention a pu se montrer moins rigide en plusieurs autres points d'une importance moins grande; et c'est ainsi que la Constitution que nous vous présentons est devenue le résultat d'une concorde, d'une déférence, d'un sentiment de concessions mutuelles que la situation politique où nous nous trouvons rendait indispensables.

» Obtiendrons-nous l'approbation pleine et entière de chaque état? Nous n'osons l'espérer. Mais chaque état prendra ceci en considération : c'est que si l'on eût consulté seulement ses intérêts, c'eût été porter aux intérêts des autres atteinte et préjudice. Cette Constitution est acceptable, sauf de très rares exceptions ; c'est notre espérance, c'est notre foi. Notre plus ardent désir est qu'elle serve à augmenter le bien-être de notre chère patrie, à assurer sa liberté et son bonheur. »

La Convention centrale avait terminé son œuvre : elle conclut en demandant que des Conventions d'état se réunissent et que, le pacte fondamental étant ratifié par une majorité constitutionnelle, il fût permis au Congrès de prendre des mesures pour que l'élection du président fût faite le plus tôt possible, afin que l'Amérique eût enfin le gouvernement qu'elle se serait donné. Les états s'empressèrent de déférer à cette proposition.

XI.

On ne devait nécessairement pas s'attendre à voir tous les états s'incliner, à l'instant, avec ensemble, unanimité, devant l'œuvre de leurs délégués. Ce grand problème, qui tendait à mettre en équilibre la force

du principe fédératif et les forces partielles des états,
devait être l'objet d'une controverse habile, ardente,
pleine de science et de raison. Les hommes éminents
qui s'étaient réunis à Philadelphie pour s'oublier devant l'intérêt général, presque tous politiques con-
sommés, dont l'expérience et les luttes avaient ap-
paisé les passions, avaient pu faire appel aux sentiments d'une union nécessaire, impérieuse. Mais une
fois séparés, ils laissaient à la polémique des écrivains, des penseurs, des hommes politiques, la liberté
de discussion sur cette œuvre, sortie facilement d'une
même inspiration.

C'est ce qui arriva. L'on retrouve à cet égard des
documents précieux. La forme en est savante, approfondie, ardente. Le patriotisme n'exclut pas le sérieux
de la méditation. Tout le monde politique se donne
rendez-vous sur cette arène de la pensée; et ce fut à
cette époque que parut, en faveur du nouveau système, un journal, intitulé le *Fédéraliste*, où la Constitution fut savamment discutée. Les principaux rédacteurs de ce journal furent MM. Jay, Madison et
Hamilton, ces deux derniers, membres de la Convention.

Rien ne peut donner idée du spectacle magnifique
offert par ce grand peuple, à cette époque où tous les
citoyens des états, placés entre leurs intérêts parti-

culiers et l'intérêt immense de leur patrie, se mirent sérieusement et solennellement à l'œuvre pour continuer ce que la Convention avait commencé. Quelles méditations de bonne foi! quels hommes honnêtement inspirés! quel spectacle ils ont donné à la postérité!

Est-ce à dire que, dans cette nation dont les éléments étaient épars et disparates, il n'y eût qu'une opinion, qu'un parti, qu'un peuple? Est-ce à dire que le sentiment démocratique les inspirât tous au même degré? Croit-on que le passage des Européens dans ces parages du Nouveau-Monde n'avait pas laissé de trace? Les instincts les plus opposés, les préjugés les plus actifs, les aspirations les plus diverses étaient là, tout au contraire, placés vis-à-vis les uns des autres; inspirés des sentiments d'un antagonisme nécessaire, parce qu'il était, pour presque tous, originel. Non, il n'y eut pas, comme on a pu le croire et l'écrire, il n'y eut pas un peuple tout neuf pour recevoir et appliquer immédiatement un nouveau système de gouvernement. Là, comme dans presque tous les états modernes, il y eut des foyers de discorde, des sentiments puisés aux sources du passé; il y eut des hommes qui avaient accoutumé leur âme et leur esprit aux formes des gouvernements monarchiques, absolus ou constitutionnels; il y eut des castes politiques et religieuses, qui avaient nourri traditionnellement le sens intime de leur foi militante, et qui trouvaient, dans les luttes du monde moral, des armes pour se disputer sur le terrain des institutions sociales et politiques.

Mais, au dessus de tout cela, planait la pensée magnifiquement généreuse de ce vaste établissement d'une République! Au dessus de toutes les passions, de tous les préjugés, de tous les goûts individuels, il y eut la volonté ferme, énergiquement inspirée, de constituer une nation. Le gouvernement démocratique, sagement tempéré par les délais imposés à l'examen des institutions, savamment équilibré par l'accession intelligente de tous les hommes qui représentaient, dans les états, la morale qui éclaire et éteint les passions; la richesse matérielle, qui est une garantie contre l'esprit de spoliation ou de concupiscence; la richesse intellectuelle qui prépare le progrès; le gouvernement démocratique, ainsi conçu, fut considéré par tous les citoyens, improvisés hommes d'État sous l'inspiration toute naturelle du patriotisme, comme un terrain neutre, où le passé devait être enfoui. Il semble voir ce peuple, avant de se décider à cette immense organisation de l'Union américaine, incliné devant Dieu, auprès de qui il implore l'avenir, adresser une hymne à l'oubli. Puis, ayant brisé des liens qui l'eussent retenu dans sa marche, l'Américain n'a voulu voir que l'avenir placé devant ses yeux. Son

16

âme est devenue libre, sa pensée puissante ; et il a pris des mains de la Convention l'œuvre de ses représentants les plus chers et les plus illustres, en vue de l'avenir affranchi du passé.

La Constitution fut donc soumise aux Conventions d'états, en 1787 et en 1788.

Le Nouveau-Monde s'édifiait au même temps où les bases de l'ancien monde tremblaient.

XII.

Le projet proposé par la Convention de Philadelphie fut adopté à l'unanimité par la Georgie, le New-Jersey et l'état de Delawarre, par une grande majorité dans la Pensylvanie, le Connecticut, le Maryland et la Caroline du sud. L'état de l'île de Rhode refusa de réunir une Convention : et il se passa momentanément, comme pour sacrifier aux faiblesses de l'humaine nature, ce fait que l'on retrouve à chaque pas dans l'histoire des hommes : Quelques individus, minorité tumultueuse, voulurent entraver la marche générale, en demandant des modifications, des amendements, que tout leur commandait d'attendre du temps et de la patience.

C'est qu'à ce moment-là, pour ces hommes inintelligents ou pervers, l'arène était facilement ouverte aux passions et aux idées subversives. Les États-Unis étaient sans gouvernement, sans argent, écrasés de dettes, impuissants à les payer, méprisés au dehors, déchirés par l'anarchie intérieure que fomentaient quelques ennemis. L'occasion était belle pour ces factieux éphémères de tous les temps ! mais l'occasion leur échappa. La raison se fit jour et reprit son empire ; et le souffle de la raison dispersa bientôt le reste de ces obstacles : l'adhésion des états fut donnée.

Examinons les phases que parcoururent ces débats ; et reposons nos esprits sous cet abri de la bonne foi qui doute et qui s'éclaire franchement ; écoutons les accents libres de ces hommes qui se dépouillent volontiers et sans fausse honte de leurs préjugés, pour ne demander qu'à leur patriotisme l'élément de leur conviction.

Ce fut surtout à la Convention de l'état de Massachusetts que les amis du nouveau système de Constitution reportaient leurs espérances. La décision que prendrait cet état devait avoir une grande influence dans le New-Hampshire, et dans les autres états où la question n'avait pas encore été traitée. Les hommes du plus grand talent faisaient partie de la Convention ; ils se mirent à l'œuvre avec une grande ardeur, et la question resta longtemps indécise. Un des membres écrivait ce qui suit :

« Jamais peut-être il n'a existé dans l'état de Massachusetts une assemblée plus considérée par les hommes, mieux guidée par les travaux; et pourtant, je ne sais si la Constitution sera adoptée. Malheureusement, trois partis se sont trouvés en présence.

» 1° Les partisans du papier-monnaie : il y en a dans tous les états; 2₀ les anciens fauteurs d'insurrections auprès de ceux qui les ont renvoyés; 3° une grande majorité des membres de la province du Maine. Ces trois partis sont essentiellement divisés entre eux, et le principal mobile de leur opposition à l'œuvre de la Convention centrale, c'est l'opinion, erronnée d'ailleurs, que la confédération et l'indépendance propre à chaque état sont incompatibles. »

Il appartint au gouverneur Hancock de mettre un terme à l'indécision qui régnait dans la Convention, en demandant que la discussion fût ouverte sur le système modifié par quelques amendements. Cette proposition eut pour résultat un examen nouveau fait par un comité spécial, et il arriva que ceux des membres qui s'étaient signalés par l'opposition la plus vive devinrent les avocats les plus ardents de la Constitution, M. Ames, un des orateurs les plus éloquents de la Convention s'écriait :

« Devons-nous nous exposer à tous les hasards, en rejetant cette Constitution ? N'y trouvons-nous pas de grands avantages pour notre marine, à laquelle sont attachés nos intérêts véritables? Si nous la rejetons, qui nous assure que nous trouverons une garantie nouvelle contre les préjugés ou les intérêts locaux des autres états! Quel est le véritable ami de la liberté qui ne tremblera pas pour sa sûreté, si la forme fédérative est dissoute? Est-il une liberté possible sans gouvernement?

» Nous sommes tout près de notre dissolution. L'anarchie, l'incertitude, voilà ce qui menace notre avenir. Sachons-le bien, la liberté, qui est l'âme de notre existence, une fois perdue, sera perdue sans retour.

» L'union, voilà notre loi impérieuse, pour nous constituer en nation. C'est la sève de notre arbre. Quelle sera notre puissance, abandonnés à nous-mêmes, contre les ennemis du dehors? Quelle force opposerons-nous au torrent britannique? Quelle protection pourrons-nous trouver pour assurer l'écoulement de nos produits sur les marchés? On nous dit d'atendre! peut-on attendre sans perte, sans danger? Croyez-vous que notre négligence, que notre mobilité trouveront toujours, en toute saison, la fortune toute prête à nous doter du privilége exclusif de composer, selon notre caprice, une Constitution? Hâtons-nous! hâtons-nous! L'union est notre digue, élevons-la bientôt, afin que la marée montante ne nous renverse pas et ne nous confonde pas dans une ruine commune. »

Les amendements que proposait la Convention étaient les suivants : Tous les pouvoirs qui n'étaient pas expressément délégués par la Constitution étaient réservés aux états. — Il y aurait un représentant par trente-mille habitants, jusqu'à ce que la totalité des représentants s'élevât au nombre de deux cents. — Le Congrès ne mettrait pas à exécution les dispositions qu'il s'était réservées dans la section IVe du titre 1er, (relativement à la convocation et au mode des élections), à moins qu'un état se refusât à régler lui-même les élections, ou bien le fît de telle sorte, qu'il y eût évidemment dans les mesures prises une atteinte formelle aux droits du peuple et à l'égalité devant la Représentation nationale.

— Le Congrès ne pourra lever d'impôts que dans le cas où les impôts établis et perçus seraient insuffisants, ou bien si un état, sur la réquisition du Congrès, se refusait à acquitter cette dette : alors, il serait loisible au Congrès de déterminer et d'ajouter à l'impôt un intérêt de 4 pour cent, pour le délai que l'état aurait apporté à la perception. — Le Congrès ne pourra créer de compagnie à qui il attribuerait un privilége commercial. — Aucun citoyen ne pourra être accusé d'un crime entraînant une peine infamante ou la mort, s'il n'a été jugé par un grand jury, excepté en matière militaire et maritime. — La Cour suprême fédérale ne pourra connaître des litiges entre citoyens d'états différents que pour une affaire dont l'importance serait au moins de trois mille dollars ; et les tribunaux fédéraux ne connaîtront que des affaires dont l'importance serait de quinze cents dollars. — En matière civile entre citoyens d'états différents, chaque question de fait, ressortissant aux cours de *Common-Law*, sera jugée par un jury choisi par les parties. — Enfin le Congrès ne consentira jamais et sous aucun prétexte, à ce qu'un fonctionnaire des Etats-Unis accepte d'un gouvernement étranger, d'un roi ou d'un prince, aucun titre de noblesse, aucunes fonctions.

Ce fut le 6 janvier 1788 que la Constitution fut enfin adoptée par 187 voix contre 168, dans l'état de Massachusetts, et recommandation fut faite des amendements proposés, afin de concilier les exigences légitimes des états en particulier avec le pouvoir fédératif central.

XIII.

La Convention de New-Hamphire se réunit à la suite de cette décision, et, après une session de dix jours, fut ajournée à quatre mois. Un fait se passa, qui prouve que les institutions politiques ne doivent pas, pour-être durables, être élaborées 'par une délibération trop prompte. Quelques-uns des membres de cette Convention étaient arrivés avec l'intention systématiquement arrêtée de voter contre le système proposé ; la discussion changea les opinions, mais ils se sentaient retenus par une espèce de mandat impératif ; et nul doute que, si le vote eût immédiatement suivi la discussion, la Constitution n'eût été par eux rejetée. Mais, il fallut faire acte de conscience ; il parut nécessaire à des hommes chargés d'une grave mission de ne pas céder avec un entraînement puéril à des considérations de cette nature. Le mandat impératif fut à leurs yeux une chaîne imposée par l'irréflexion et l'inintelligence : et, pour concilier la raison avec cette espèce d'engagement pris, ils se prononcèrent pour un ajournement.

Le temps venu, la Constitution fut mise aux voix, telle que l'avait amendée l'état de Massachusetts. Elle fut adoptée ; remarquons qu'elle ne le fut qu'à la majorité de sept voix. Il y fut même ajouté les amendements suivants : — En temps de paix, aucune armée permanente ne subsistera, sans le consentement des trois quarts des membres des deux chambres du Congrès. — Aucunes troupes ne seront logées dans les habitations privées, sans le consentement des propriétaires. — Le Congrès ne fera aucune loi touchant aux articles de religion et de conscience, — Aucuns citoyens ne pourront être désarmés, à moins qu'ils n'aient été pris en flagrant-délit de rébellion.

Ce ne fut que dans l'été de 1788 que s'assemblèrent les états de Virginie, de New-York et de la Caroline du nord.

La Convention de la Virginie se réunit le 2 juin.

Là surtout une opposition vive, ardente, animée, d'une grande éloquence, se manifesta contre le projet de Constitution. Des deux côtés, les hommes d'État les plus éminents s'élevèrent. Parmi les opposants : Patrick Henry, George Mason, William Grayson, James Munroe, Pendleton, Edmund Randolph, Madison, John Marshall, Wythe, George Nicholas.

Suivons ces débats pleins de grandeur. Si la violence y prit part, constatons que ce ne fut qu'à de rares intervalles, et que la courtoisie, l'ardeur du patriotisme servirent principalement de guides à des orateurs pénétrés de la grandeur de leur mission.

XIV.

Patrick Henry était, avons-nous dit, opposé au système. Il commence par se demander comment le système fédéral a été abandonné, et quel droit avait la Convention centrale pour constituer un gouvernement.

« C'est aux hommes éminents de la Convention fédérale que je m'adresse, dit–il. J'ai pour eux la plus grande vénération ; mais qu'ils me permettent de leur demander quel droit ils ont de dire : *nous, le peuple* (*we, the people*), au lieu de ces mots : *nous, les états* (*we, the states*)? Les états constituent le caractère, l'âme de la Confédération. J'ai la plus grande confiance en ces hommes. Il en est un surtout dont le courage nous a sauvés et que j'admire ; mais celui-là du moins, j'en suis sûr, il a eu pour agir ainsi une raison déterminante, et cette raison, j'en suis encore bien sûr, il nous la donnera. Le peuple n'a délégué aux membres de la Convention aucune autorité d'agir en son nom : il est clair qu'ils ont excédé leurs pouvoirs. Pourquoi ces innovations ridicules? Existe-t-il quelque péril imminent? Sommes-nous placés dans quelque tourbillon? Je ne vois, moi, que le calme, la tranquillité ; et si tout cela est troublé, soyez sûrs que la cause réside dans ces innovations imprévues et stériles. On a demandé au Congrès de changer l'ancien système : c'est pour cela seulement qu'il a dû se réunir ; sa mission ne devait pas aller au delà. »

A ces questions directes, M. Randolph, membre de la Convention fédérale, et qui le premier avait soumis la proposition du nouveau système, répondit en ces termes :

« Oui, sans doute, les membres de la Convention

ont été envoyés par les états dans un but particulier, celui d'apporter au système fédéral de simples améliorations ; mais, à l'examen, cette œuvre d'amendement pur et simple n'a pas paru possible. Que fallait-il faire ? Ce sont les dangers mêmes qui menaçaient l'Amérique qui nous ont suggéré la pensée de recourir à une forme toute nouvelle de gouvernement. Sans doute le principe fédératif a été fécond en bienfaits ; mais ce n'est pas l'énergie de ce système, ce fut bien l'imminence seule du danger, ce fut l'enthousiasme de l'Amérique qui nous a donné des armes. Ce fut au moment où le péril augmentait que les ressources augmentèrent. L'Union ne fut pas signée avant le mois de mars 1781, et cependant les ressources militaires ou autres, avant même cette époque, ont été mises au dehors avec le même éclat, le même succès que si elles eussent été requises sous le gouvernement le mieux constitué ; la conclusion, c'est que le danger de notre situation cimente notre union. Voyez, au contraire, comme, le danger une fois passé et la paix obtenue, la scène change ! Voyez avec quelle négligence les demandes du Congrès sont reçues ! Un état se plaint de ce qu'un autre état n'a pas payé sa quote-part. Le crédit public est parti, et, sans les efforts du crédit privé, nous eussions subi les conséquences d'une ruine complète ; notre commerce languit, nos produits diminuent de valeur, la justice est boiteuse ; nous sommes tombés dans le discrédit aux yeux des nations étrangères : elles ne nous regardent plus que comme une tourbe d'enfants qui ont joué pour conquérir la liberté, et qui n'ont pas la sagesse, la solidité d'esprit suffisante pour la fonder sur une base durable : enfants indignes de l'attention publique. Nous sommes tombés dans un tel discrédit, qu'avant de contracter avec nous, nos ennemis ont osé nous dire tout haut, et nous nous le sommes laissé dire, qu'un peuple qui ne se croyait pas engagé d'un côté de l'Atlantique vis-à-vis d'un peuple placé de l'autre côté ne méritait aucune confiance, et ne pouvait encourir que le dédain, que le mépris ! Et c'est en présence de tels faits, avec des précédents pareils, dans une pareille situation que nous nous demanderions s'il y a lieu de changer quelque chose à notre organisation ? Non ! avouons plutôt que nous serions des traîtres si, en sortant de cette Convention, nous ne nous hâtions d'adopter quelque plan pour relever notre pays de sa détresse. »

La différence essentielle qui existait entre l'opinion de la Virginie et les autres états, relativement au nouveau système de gouvernement, portait sur ce qu'il semblait être une dérogation au principe général fédératif, et qu'il tendait à établir un gouvernement national, n'agissant pas seulement sur les états en masse,

mais sur les individus en particulier, et que les individus mêmes sur qui ce gouvernement devait exercer ses
pouvoirs ne trouvaient pas, dans un bill spécial con-
sacrant tous leurs droits, une garantie suffisante. Cette
perte ou cette diminution de pouvoir qui en résultait
pour les états devenait précisément l'objet de l'attention particulière de la Convention ; c'est à mettre d'accord la puissance qui résultait de cette organisation
centrale avec l'exercice des droits particuliers inhérents à la Constitution des états que tendaient les efforts de la Convention.

M. Henry déclara que le nouveau système produisait une révolution tout aussi ridicule que celle qui les
avait séparés de la Grande-Bretagne. « Aussi ridicule,
s'écriait-il, si, dans cette transition, nos droits et
nos priviléges sont mis en péril, et si la souveraineté
des états en souffre. Or, c'est là le cas actuel. Liberté
de conscience, jugement par jurés, liberté de la presse,
immunités et franchises particulières, tous ces priviléges inhérents à la dignité humaine sont compromis
sinon perdus par ce changement. Cet abandon de nos
droits est-il digne d'hommes vraiment libres? est-il digne de ce mâle courage qui doit caractériser de vrais
républicains? On me dit que huit états ont adopté ce
plan? Que m'importe ! Je déclare que si douze états et
demi l'avaient adopté, je persisterais à le rejeter avec

une persévérance infatigable. Supposez ce système en pratique, qu'y gagnerez-vous? Ne verrons-nous pas toujours, comme maintenant, prendre soin des pauvres, réparer et construire de grandes routes, jeter des ponts, etc.,etc. ? »

La majorité de la Convention se prononça en faveur des amendements qui paraissaient les plus essentiels. La question qui restait à examiner fut celle de savoir s'il fallait adopter ces amendements avant ou après l'adoption de la Constitution.

Vingt jours se passèrent à discuter cette grave question, et M. Wythe proposa de ratifier la Constitution, en déclarant, dans un préambule, que la Constitution ne pouvait porter aucune atteinte aux pouvoirs particulièrement attribués aux états; que la liberté de conscience, la liberté de la presse étaient parmi ces droits les plus respectables, et qu'il fallait réserver l'examen ultérieur des amendements qui paraissaient devoir garantir ces droits sacrés.

Le débat fut ardent : M. Henry s'opposa à l'ajournement avec le sentiment d'une infatigable énergie. « Comment, s'écriait-il, un examen ultérieur! Voilà du nouveau pour moi! Des dangers imminents, une tyrannie menaçante, tout cela doit être réservé pour un examen ultérieur!.. Mais cette proposition naïve n'a pu être faite que pour se jouer de vous ; cette naïveté me remplit d'effroi, pour mon compte. Je vous le demande, l'expérience, depuis le commencement du monde, ne vous éclaire-t-elle pas en ces matières ? Est-il possible que, sérieusement, vous vous proposiez de faire corps avec un état, et, plus tard, on ne sait quand, de poser les bases de votre agrégation à ce corps? Car enfin, quelle que soit la forme que vous donniez à ce gouvernement, il est clair que vous en composerez un ensemble, une Constitution commune, ou quelque chose de semblable. Tout cela me remplit d'effroi, je le répète. Vous mettez notre pays en péril; vous détruisez son repos en adoptant un pareil gouvernement.

» Sachez-le bien, s'écrie M. Henry dans la chaleur de son improvisation, je n'aurai plus rien à faire ici après l'adoption de pareilles conclusions. Si la Constitution est adoptée telle quelle , sans amendement, je me retire. Ma conscience me commande cette conduite. J'en ai peur : si vous ne vous hâtez de proposer et d'adopter, avant toute chose, des amendements, selon moi nécessaires, ce gouvernement nouveau ne pourra fonctionner, et Dieu sait combien de temps durera la discorde civile dans notre malheureuse patrie. »

Cependant, l'orateur crut devoir atténuer un peu la violence de son langage. A la fin de son discours, le patriotisme se réveilla dans son âme et lui inspira ces belles paroles : « Si je suis dans la minorité, s'écria-t-il, j'éprouverai dans le fond de mon âme ces sensations pleines de douleur qui naissent d'une conviction profonde, vaincue dans la lutte pour une cause sainte et sacrée ; mais je resterai toujours ce que je fus, un citoyen paisible. Ma tête, ma main, tout mon cœur, dévoués à la défense de la liberté, n'auront de cesse qu'ils n'aient conjuré la perte de notre liberté, et qu'ils n'aient replacé le gouvernement des états dans une voie constitutionnelle. N'attendez de moi aucune violence, j'attendrai, tout plein d'espérance ; car, j'en suis sûr, l'esprit de notre révolution n'est pas encore parti ; la cause de ceux qui se sont dévoués à cette révolution n'est pas perdue ; j'attendrai patiemment, car des changements nécessaires s'accompliront, qui seront compatibles avec la sûreté, la liberté et le bonheur du peuple. »

Quel exemple donnent aux hommes qui veulent poser les bases d'un gouvernement durable un désintéressement si grand, un patriotisme si vrai !

XV.

La question soulevée par M. Henry fut combattue par cette considération que les états de Virginie, de la Caroline du nord et de New-York pourraient reje-

ter le système jusqu'à ce que les amendements fussent
adoptés par les autres états, ce qui pourrait compromettre la bonne harmonie qui lie les états de l'Union
entre eux. M. Grayson combattit cette opinion. La situation géographique des états de New-York, qui
commande l'Océan, de la Virginie et de la Caroline du
nord, qui touchent aux possessions espagnoles, leur
permet d'agir séparément pour leurs intérêts, sans
compromettre en aucune façon les intérêts des états
qui se trouvent au centre, et avec lesquels ces trois
états n'ont pas de communication indispensable pour
les intérêts commerciaux.

Ce fut à M. Madison, à sa puissante argumentation
que l'on dut le succès de la motion de M. Wythe. Le
sort du système de gouvernement qu'il s'agissait d'a-
dopter dépendait nécessairement de la question à l'ordre du jour, et, quant à lui, il avait trop l'expérience
des difficultés qui avaient été soulevées dans la Convention centrale pour croire que jamais les états par-
viendraient à s'entendre sur les divers amendements
qui seraient proposés. « Rien n'a excité une admiration plus grande, dit-il, que le mode qui a été suivi
jusqu'à ce jour pour établir la liberté dans le gouvernement des États-Unis. C'est la première fois, depuis
la création du monde jusqu'au jour de l'indépendance
américaine, que l'on a vu des habitants d'une nation

libre se réunir pour délibérer sur la forme de leur gouvernement, et choisir dans leur sein des citoyens revêtus de leur confiance, pour déterminer cette forme et la mettre en mouvement. Pourquoi tant d'admiration, tant d'enthousiasme? C'est que rien n'est plus grand, rien n'est plus exposé à des accidents plus nombreux. Si donc on a tant admiré les États-Unis, d'avoir, au milieu de la guerre et de la confusion qui en était la conséquence, établi des gouvernements partiels libres, de quelle admiration, de quel étonnement ne sera-t-on pas saisi lorsqu'on verra qu'ils ont été capables de constituer paisiblement, librement, et selon le gré de tous, un gouvernement central, malgré la diversité de leurs opinions et de leurs intérêts, et sans être nécessairement liés entre eux par le danger commun, le ciment le plus fort, le stimulant le plus énergique. Le danger! voilà le mobile ordinaire qui appelle les hommes à s'unir; le danger! et non la sympathie. Où est la gloire d'une telle alliance? Où le sens moral? Voyez les peuples qui se sont décidés à cette union. Quel a été le stimulant pour les cantons de la Suisse? le danger : pour les Pays-Bas? le danger : pour la Confédération germanique? le danger, toujours le danger, ou bien encore le sentiment de la domination.

» Quant à nous, savez-vous ce qui doit nous préoccuper dans ce magnifique travail? Nous devons nous bien convaincre d'une chose, c'est qu'il est impossible de réaliser les vœux de chaque état, et encore moins l'avantage privé des individus. Les amis véritables de cette Constitution, de cette Charte que je vois là, sur cette table, ont-ils espéré qu'elle était sans défauts? Non, mais ils se sont assurés qu'elle ne cachait aucun danger. Les défauts, le temps, l'expérience les détruit. Je m'adresse au bon sens de ceux qui vont délibérer sur ce grave sujet : Est-il vrai, oui ou non, que si neuf états adoptent la Constitution, il ne peut être raisonnable que ces neuf états fassent plier leur opinion, mûrement réfléchie et discutée, devant l'avis d'un seul état, et qu'ils conviennent que ce qu'ils ont fait est contraire au bon sens, qu'ils sont aveugles et ne voient pas les défauts de leur œuvre?

» Rappelons-nous que ceux qui ont préparé cet acte ont trouvé des difficultés que l'on ne peut décrire, en procédant à sa formation : il leur a fallu une déférence réciproque, un esprit de conciliation extrême. S'ils eussent été inflexibles dans leur opinion, jamais ils ne fussent tombés d'accord. Quand leur a-t-il été permis d'arriver à une conclusion? c'est quand aucun parti ne s'est formé, quand aucune proposition parasite n'a été faite, quand les esprits se sont résolus à être calmes et sans passion. Et ajoutons que, malgré cela, il fut encore bien difficile de s'accorder sur l'adoption d'un système général.

» Supposez que huit états seulement aient donné leur adhésion et que l'état de Virginie ait proposé certains changements, comme condition de la sienne. Le cas le plus favorable est, sans aucun doute, l'adoption par les états de cette proposition. Eh bien ! la difficulté qui en résulte est immense. Chacun des états qui ont déjà donné leur adhésion doit examiner la question de nouveau. A l'instant, voyez quels obstacles à la conclusion désirée. Désappointement de reconnaître qu'ils ont agi sans discernement ; difficulté d'appeler le peuple à un nouvel examen, et convocation d'une Convention pour délibérer sur le nouveau projet ; discussion sur des amendements, dictés non seulement par des sentiments politiques de diverses origines, mais encore par des instincts et des nécessités de localités. Supposez enfin que chaque état se croie obligé d'apporter dans la discussion de nouveaux amendements, où tout ce travail s'arrêtera-t-il ? quelle sera l'issue de toutes ces difficultés inextricables ? Je supplie la Convention d'adopter le projet, persuadé que je suis que, pour le modifier, on y trouvera plus de difficultés à résoudre, que l'on n'en trouvera, en laissant au travail lent et sûr du progrès le soin de modifier peu à peu cette Constitution. »

La motion de M. Wythe fut adoptée par une majorité de huit voix (88 contre 80) : la Convention, dans la formule de son adhésion, introduisit cette phrase : « Le projet est adopté en laissant toutefois cette impression se faire jour, en faisant appel même aux juges les plus impartiaux de la pureté de nos intentions, enfin, en exprimant franchement cette conviction, que si quelque imperfection était signalée dans la Constitution, on devrait l'examiner, aux termes mêmes de l'acte : ce vœu a paru préférable pour la Convention au danger imminent que préparait pour l'Union un ajournement fondé sur l'espérance d'obtenir des amendements avant la ratification du projet. »

En même temps, la Convention vota un bill en vingt articles sur les droits des états, et un même nombre d'articles sous forme d'amendements à la Constitution. Voici les principaux amendements qui furent adoptés : — le Congrès devait interdire la perception d'impôts qui avait été formellement refusée par les États. — Aucun membre du Sénat, aucun représentant ne pouvait remplir aucun emploi. Aucun traité de commerce ne pouvait être ratifié que par les *deux tiers* du nombre total des membres du Sénat; et aucun traité ayant pour objet de concéder ou de suspendre les droits ou priviléges des Etats-

Unis, ou d'une partie des droits, ne pourrait être concédé ou suspendu qu'en cas d'extrême nécessité et seulement par les *trois quarts* du nombre total des membres des deux chambres ; il fallait la majorité des deux tiers pour l'adoption des lois de navigation ou des lois commerciales. — Aucun citoyen ne pourrait être président des États pendant plus de huit ans sur une durée de seize années. — Quelques clauses de forme furent ajoutées aux amendements proposés relativement à l'exercice et à la compétence du pouvoir judiciaire ; et ces propositions se terminaient par une injonction respectueuse adressée aux représentants des États, d'user de toute leur influence au Congrès pour obtenir la rectification de ces amendements, selon les formes prévues par la Constitution ; et de se conformer, dans l'élaboration générale des actes du Congrès, à l'esprit de ces amendements.

A New-York, la majorité de la Convention, qui se réunit le 17 juin, s'opposa très énergiquement au nouveau système de gouvernement. Parmi ses adhérents, on comptait MM. Jay, Hamilton et le chancelier Livingston ; parmi ses adversaires, le gouverneur Clinton, et MM. Yates, Lawsing, Duane, et Melanchton Smith. L'influence de ces derniers était grande dans les États, et l'adhésion de la Virginie avait trompé leurs espérances. Or, l'union des dix états

devenue définitive donnait à la Constitution la sanction légale ; elle allait être mise à exécution ; l'état de
New-York n'avait donc plus d'autre parti à prendre
que de céder ou de se séparer de l'Union : cette der-
nière mesure fut repoussée par le district méridional
de cet état; sur ces entrefaites, une très faible majorité se prononça, comme en Virginie, pour l'adoption
du projet, en recommandant au Congrès l'adoption
des amendements. Cette majorité n'était que de cinq
membres, et même, on proposa et on fut tout près
d'adopter, à la suite d'un bill de droits et de nombreux
amendements, cette proposition conditionnelle : à sa
voir que « l'état de New-York se réservait le droit de
se retirer de l'Union, après un certain nombre d'années, à moins que les amendements proposés fussent
soumis à une Convention générale. » Cette proposition
fut écartée.

Les amendements que New-York réservait étaient
plus nombreux et plus radicaux que ceux des autres
états. Le travail de Massachusetts avait servi de
type : on y remarquait, au nombre de plusieurs dispositions différentes, celle-ci : que personne, excepté
des citoyens nés sur le territoire des États, ou devenus citoyens avant le 4 juillet 1776, ou chargés de
quelques fonctions durant la guerre, ne pourrait être
élu président, vice-président ou membre du Congrès.

— Il ne pourrait y avoir d'armée permanente, en temps de paix, sans le consentement des deux tiers des deux chambres. — Le Congrès ne pourrait déclarer la guerre qu'à la même majorité de votes. — La loi de l'*habeas corpus* ne pourrait être suspendue pendant plus de six mois; — personne ne pourrait être élu sénateur pour plus de six ans, pendant un délai de douze années; et les législateurs d'état pourraient rappeler leurs sénateurs. — Aucun citoyen ne pourrait être élu président une troisième fois.

Plusieurs autres amendements de détail portaient sur la forme des pouvoirs judiciaires, sur leur juridiction.

La Convention de la Caroline du nord était en session en même temps que celle de New-York, et elle refusa son adhésion, le 1ᵉʳ août, jusqu'à ce qu'un bill de droits, et des amendements qui portaient sur les points de la Constitution qui lui avaient paru les *plus équivoques* et les plus *exceptionnels*, fussent portés devant un Congrès ou une nouvelle Convention de tous les états, dans le but de les modifier.

XVI.

Dans ce conflit d'opinions, la pensée d'Adams et de Jefferson ne pouvait avoir qu'une grande influence.

Ces deux grands hommes d'État résidaient alors en Europe. L'avis de Jefferson fut consigné dans des lettres qu'il écrivit à ses amis, au moment où ces grandes questions se débattaient devant les Conventions d'états.

Jefferson donnait son approbation complète à l'organisation générale du gouvernement, à sa division en trois branches, ainsi qu'aux divers pouvoirs accordés à chacun. Il donnait une approbation toute particulière à cette espèce de compromis passé entre les grands et les petits états et qui se trouvait dans l'adoption du vote par *juridiction*, substitué au vote par *états*. — Il approuvait aussi ce droit de *veto* accordé au pouvoir exécutif « conjointement avec le tiers de chaque chambre, » bien qu'il eût préféré voir l'adjonction du pouvoir judiciaire sur ce point ou bien la création d'un pouvoir particulier, créé *ad hoc*.

Il trouvait des objections sérieuses à l'absence d'un bill spécial de droits, et à la rééligibilité du président. Sur ce dernier point, Jefferson formulait ainsi sa pensée : « la rééligibilité fait du président un fonctionnaire pour la vie, et les malheurs inséparables d'une monarchie élective me font penser qu'il serait préférable d'aller plus loin et de trouver notre refuge dans une monarchie héréditaire. »

M. Adams était en Angleterre, pendant l'élaboration de ce projet. Il écrivit une brochure savante sur la Constitution.

Son principal objet fut de combattre l'opinion erronnée qu'avait émise Turgot et plusieurs autres hommes d'État, particulièrement sur la division des provinces. Turgot, en parlant de la nouvelle forme de gouvernement en Amérique, avait déclaré que les Américains s'étaient attachés à faire une imitation servile de la Constitution anglaise. « Au lieu de rassembler toutes les forces de l'autorité publique dans un centre, celui d'une action collective, disait-il (1), ils ont constitué différents corps; un corps de représentants, un conseil, un gouverneur, par le motif qu'en Angleterre, il y a une chambre des Communes, une chambre des Lords et un roi. »

M. Adams combattit avec succès cette opinion.

Dans le Congrès fédéral, une des questions qui avaient produit le plus de division était le droit de *veto* accordé au Sénat sur la nomination du président et des fonctionnaires. Un tel pouvoir, dans ce corps de l'Etat,

---

(1) Ce qui prouve que Turgot, dans son appréciation du gouvernement démocratique, pensait qu'une seule Assemblée devait conserver le pouvoir de délégation d'une République.

ne paraissait pas à M. Adams capable d'équilibrer les forces diverses du gouvernement.

Voici ce qu'il répondait à M. Sherman, membre du Congrès, représentant du Connecticut, et qui s'était, lui, prononcé en faveur du pouvoir accordé au Sénat:

« 1° Un tel pouvoir, disait Adams, détruit ou, pour le moins, diminue sensiblement la responsabilité du pouvoir exécutif et celle du président. Que la nomination du président tombe sous le blâme du Sénat, que s'ensuivra-t-il? C'est évidemment que le blâme tombera sur une partie des membres du Sénat et des chambres d'Etat elles-mêmes. Il naîtra un conflit aussitôt que ce blâme sera formulé, parce que les amis du président seront intéressés à le défendre pour arriver à se relever eux-mêmes de la censure qu'il aurait encourue.

» 2° Cette mesure amène nécessairement le peuple à se préoccuper de l'intervention du Sénat dans les attributions du pouvoir exécutif; elle intéresse une branche du pouvoir législatif dans les rouages où se meut l'action du pouvoir exécutif; elle divise le peuple sur l'appréciation qu'il doit faire de ces deux pouvoirs, et tend à le rendre indifférent à remplir son devoir, qui est de surveiller le pouvoir exécutif, de s'opposer à ses empiétements, de résister à son ambition.

» 3° Elle a pour effet d'exciter dans le Sénat une

tendance naturelle à se montrer ambitieux. Les sénateurs sont riches, capables, jouissent d'une grande
réputation, d'une grande influence : tout cela sera mis
en jeu par les candidats à quelques fonctions publiques. J'espère, de toute mon âme, qu'aucune arrière-
pensée de corruption ne s'y fera jour ; mais certes
l'ambition ne fera pas défaut. Un sénateur qui jouit
d'un grand crédit voudra l'accroître. Ne cédera-t-il pas
à la tentation de se servir de son influence auprès du
président tout aussi bien qu'auprès de ses confrères les
sénateurs pour nommer aux fonctions publiques dans
l'état même, où il pourra combattre, par ce moyen,
l'opposition parfois légitime de ses adversaires, et créer
ainsi, au profit de son élection et de ses intérêts particuliers, des instruments dociles? Dans toutes les
branches de services, à l'armée, dans les emplois de
l'administration intérieure ou à l'étranger, pour toutes
occasions, qu'il s'agisse de l'élection du président, du
vice-président, des sénateurs, des représentants, par-
tout, le sénateur sera excité, poussé forcément à le
servir de son influence, contrairement à ces sentiments
de réserve, de loyauté, de désintéressement qui doivent servir de base aux gouvernements républicains ;
et alors, le danger que je redoute, c'est que le poison
de la corruption s'insinue dans nos opérations électorales ; c'est que l'ambition, l'avarice, deviennent notre

mobile : et le résultat sera non seulement de détruire la forme de notre gouvernement nouveau, mais encore de rendre impossible tout gouvernement libre, fût-ce la monarchie la mieux organisée ; nous n'aurons plus d'autre sauvegarde que le despotisme.

» 4° Cette mesure aura pour effet nécessaire de reproduire le danger que nous voulons précisément éviter, celui de diviser notre continent en deux ou trois nations distinctes, cause permanente d'une guerre sans fin.

» 5° Le droit de *veto* présente le danger d'exposer le Sénat au reproche, à la controverse, à la censure, au soupçon, et cela sans aucun bien possible. Evidemment, il arrivera de deux choses l'une : que le Sénat usera de cette prérogative ou qu'il s'abstiendra. S'il s'abstient, pourquoi lui avoir conféré ce droit stérile? on le blâmera de cette abstention; s'il en use, on le tournera en ridicule; on l'appellera servile, etc., etc. Les sénateurs seront forcément exposés ainsi au ressentiment du président et de ses amis.

» 6° Le Sénat sera, par ce moyen, exposé, comme la Chambre des représentants, comme tous les partis nombreux qui existent et qui sont à naître au sein du pays, à ces intrigues, à ces menées, à ces roueries, source de ce qu'on nomme influence et pouvoir, dont l'effet se traduit par la corruption qui s'insinue dans les mouvements électoraux; et l'on tombera précisément dans le danger que l'on a d'abord voulu éviter, en imaginant la création d'un corps indépendant, à l'abri de tous ces mouvements, de toutes ces menées, de toutes les intrigues : je le demande!... si le Sénat est envahi par tout cela! quel avenir de division, de luttes, de factions sous toutes formes et de toute espèce!...

» 7° Enfin le Sénat n'a pas le temps.

» Vous croyez que l'intervention du Sénat dans le choix du président donnera de la force au pouvoir exécutif, et sera pour le peuple un garant plus réel que le pouvoir conféré à un conseil choisi, et sera moins coûteux? je suis d'un avis tout opposé. Je crois au contraire que cette mesure affaiblira le pouvoir exécutif en amoindrissant le sentiment de gratitude qui lie et attache le candidat, en divisant son dévouement entre les deux pouvoirs adversaires naturels, le pouvoir exécutif et le pouvoir législatif.

» Les fonctionnaires de l'Etat, au lieu de n'avoir qu'une manière de voir, de sentir, à l'égard du pouvoir exécutif, ainsi que cela doit être, selon la loi, selon la Constitution, seront constamment tentés de conspirer avec leurs patrons dans le sein même du Sénat. Ceux-là mêmes qui approcheront la personne du président seront entraînés, dans mille circonstances, à s'opposer aux mesures les plus justes, les plus constitutionnelles qu'il voudra prendre; placés qu'ils seront tous la domination de leur patron et de leur parti dans le sein du pouvoir législatif : et, ne croyez pas que cela assure au Sénat la confiance du peuple : le peuple aura toujours plus de confiance dans le pouvoir exécutif. Le peuple verra toujours d'un œil jaloux les menées factieuses du Sénat, ses tentatives de corruption, dans un but de spéculation privée et personnelle. Il s'établira entre le Sénat et les fonctionnaires tels rapports qui forceront le Sénat à cacher les fautes de ces derniers, à les défendre quand ils seront coupables, au lieu de les surveiller et de leur inspirer quelque crainte salutaire. Placés sous la dépendance des sénateurs, les membres du conseil privé ne se soucieront plus de mettre leur gloire à n'appliquer les pouvoirs qui leur sont confiés qu'à des mesures d'équité et de légalité.

» S'il faut que le Sénat nomme à tous les emplois, que de temps perdu !

» Et, pour le pouvoir exécutif : ce travail minutieux, détaillé, retenu entre les mains des sénateurs, sera une source de délais interminables, qui ne pourra qu'entraver la marche de l'administration. L'examen des traités indiens en a déjà fourni la preuve. Depuis plusieurs mois, le pays en attend la solution ; et le Sénat n'a pu trouver encore un seul instant à consacrer à cet examen. Ce ne sera pas seulement un obstacle, ce sera aussi un surcroît de dépenses considérables, car il faudra que le Sénat soit en permanence, et dans ce cas, le Sénat devra être payé. »

M. Sherman prit la parole pour opposer à l'opinion de M. Adams quelques considérations importantes. A ses yeux, le pouvoir de nommer aux fonctions publiques, remis aux mains du président lui paraît être un pouvoir exorbitant, une transition toute naturelle à l'autorité despotique. Le roi d'Angleterre disait : « Laissez-moi nommer les évêques et les juges, la religion et la loi seront placées sous mon bon plaisir. » Un pareil droit constitue, au profit de celui qui en est nvesti, une autorité plus redoutable, en quelque sorte que celle d'une armée permanente.

« Le Sénat, dit M. Sherman, est un corps préposé auprès du pouvoir exécutif pour l'aider de sa direction, de ses conseils, et en même temps pour sauvegarder, vis-à-vis de ce pouvoir même, les droits des États, le gouvernement de l'Union, les libertés du peuple. Le pouvoir exécutif n'a pas la faculté de faire sa volonté, mais la volonté du pouvoir législatif, formulée par les lois. Et le Sénat, étant une des branches de ce dernier pouvoir, est préposé à remplir ce but. Il doit donner son avis sur le choix des hommes dont la mission est d'appliquer les dispositions de la loi, la position particulière des membres du Sénat les mettant à même de

donner, sur les citoyens des états auxquels ils appar-
tiennent et dont ils ont une parfaite connaissance, des
renseignements précis et positifs. C'est à raison de
ces indiscrétions que la responsabilité du président
s'amoindrit; il s'établit, entre la conscience de ce dernier et l'influence consultative du Sénat, un équilibre
d'action qui doit donner aux intérêts généraux et aux
intérêts particuliers une satisfaction réciproque. Ce
résultat est préférable à toute organisation qui aurait
pour effet de donner aux trois pouvoirs distincts un
veto qui, évidemment, aurait l'antagonisme pour principe et le contrôle pour élément. »

L'intervention du Sénat dans le choix des fonctionnaires ne paraît pas dangereuse à l'orateur, parce que
les sénateurs sont élus par les états, que l'élection
porte sur les hommes les plus considérables, les plus
estimés, et que, partant, l'appréciation qu'ils feront
des candidats aux fonctions publiques devra rassurer
les esprits les plus prévenus. La situation élevée qu'ils
occupent ne leur laisse rien à espérer d'une condescendance trop facile au désir qu'ils auraient de se faire
des créatures ; tandis que le droit de nommer les
fonctionnaires directement, par lui-même et sans contrôle, attribué au président, constitue, sans aucun
doute, en sa faveur, le droit de se créer des partisans
personnels. Le bien public est un prétexte facile entre

ses mains pour devenir un instrument d'usurpation.

Cependant, quelles que fussent ces discussions, quelle qu'en fût l'importance, l'intérêt général commandait à tous les états de faire abstraction de leurs intérêts particuliers. Ce peuple fut donc éminemment sage ; ce peuple donna l'exemple du plus grand pouvoir remis aux mains de l'homme par la Providence ; ce peuple fut digne de fonder une République qui, désormais est impérissable, consacrée maintenant par soixante années de gouvernement. Le jour où tous les états s'inclinèrent devant le vœu public, l'oubli de leurs divisions intestines et la grandeur de leur mission, furent les premiers éléments de cette immense organisation.

XVII.

Washington président.

—

Le 4 mars 1789, les membres du pouvoir législatif, c'est-à-dire le Sénat et la chambre des représentants, élus conformément à la Constitution, s'assemblèrent à New-York.

Le 6 avril, les deux Chambres réunies comptèrent les suffrages qui appelaient un des citoyens des états de l'Union au poste de président de la République américaine. Un nom, un seul nom sortit de l'urne électorale, porté sur le pavois par l'unanimité de ses concitoyens. Ce nom fut celui de :

GEORGE WASHINGTON !

JOHN ADAMS fut élu vice-président.

Depuis longtemps, le sauveur de l'indépendance américaine, WASHINGTON, attirait les regards de tous les citoyens des États-Unis. Son nom était dans toutes les bouches, sa gloire dans tous les cœurs. Le cri unanime de l'Assemblée n'était que l'écho des États.

Un message particulier lui fut expédié.

Washington quitta sa modeste retraite pour se rendre à New-York : et depuis le seuil de sa demeure jusqu'à la porte d'Elizabethtown, le général marcha sur un tapis de fleurs, au milieu d'une double haie de citoyens, venus de tous les points du territoire pour faire au nouveau président un cortége de leur enthousiasme.

Ce fut surtout à Trenton que la réception fut touchante. Sur un pont où le général avait arrêté l'ennemi vingt ans auparavant, les dames de cette ville avaient élevé un arc-de-triomphe orné de fleurs : sur le frontispice on lisait : « Le défenseur des mères sera le protecteur des filles. » (*The defender of the mothers will be the protector of the daugthers.*) Au moment où Washington passait, les jeunes filles qui l'accom-

pagnaient et qui jetaient des fleurs sur son passage,
chantaient les strophes suivantes :

> Welcome, mighty chief, on ce more
> Welcome to this graceful shore,
> Non no mercenary foe
> Aims against the fatal blow
> Aims against the fatal blow.

> Virgins fair and matrons grave
> Those thy conquering arms did save
> Build for thee triumphel bowers ;
> Strew ye fair his way with flowers,
> Strew your Hero's way with flowers !

Le 30 avril, les formalités de l'installation du président furent remplies. Le serment fut prêté entre les
mains du chancelier de l'état de New-York, dans une
vaste galerie construite devant la chambre du Sénat,
en présence des sénateurs, des représentants et d'un
concours immense de citoyens.

Après la prestation du serment, Washington se
rendit dans la chambre du Sénat, où il prononça un
discours dont voici le préambule :

« Sénateurs,

» Membres de la Chambre des représentants,

» Parmi les graves événements de ma vie, il n'en est
aucun qui m'ait inspiré une anxiété plus vive que la

notification qui m'a été transmise par votre ordre le 14 de ce mois. D'un côté, l'appel m'était fait par mon pays, dont je n'ai jamais entendu la voix qu'avec respect, avec amour, dans une retraite de prédilection, asile choisi pour mes vieux ans, où je me flattais de recouvrer, dans le calme qui m'est de plus en plus nécessaire, une santé altérée et compromise par le temps. D'autre part, la grandeur et la difficulté du mandat qui m'était confié par mon pays, et qui demandait le plus sage, le plus expérimenté d'entre les citoyens, surpassaient les forces de la responsabilité que je devais assumer, moi, pour qui la nature a fait peu, qui n'ai pas la pratique des devoirs de l'administration civile, et qui ai toute la conscience de mon insuffisance personnelle. »

XVIII.

Le Congrès commença immédiatement ses travaux :

Le trésor public avait été épuisé ; il fallut pourvoir aux revenus. La justice était administrée au hasard, sans ensemble, sans système : il fallut organiser le pouvoir judiciaire ; l'administration était livrée à tous les caprices de l'inexpérience ; il fallut en déterminer les attributions ; des amendements nombreux avaient été proposés sur la Constitution, il fallut les mettre en délibération.

Pour favoriser la navigation et le commerce, les membres du Congrès durent imposer des droits de tonnage et d'importation.

Les premiers furent imposés aux vaisseaux étrangers dans des proportions plus élevées que ceux imposés aux vaisseaux américains ; et les marchandises importées par navires américains subirent un droit de dix pour cent moins élevé que les marchandises importées sous pavillon étranger. Le but que voulaient atteindre les législateurs par ces mesures favorables au pavillon américain était d'encourager la navigation des États; et le sentiment qui les dominait était de telle sorte, qu'une proposition, ayant pour but d'établir un privilège en faveur des nations avec qui les États avaient fait un traité de commerce, fut repoussée au Sénat.

Toute l'administration fut divisée en trois parties seulement. Le département de la guerre, celui des affaires étrangères et celui des finances. Chaque département était confié à la direction d'un secrétaire d'État.

Les chefs de chacun de ces trois départements de l'administration publique devaient, outre leurs attributions spéciales, constituer un conseil que le président pouvait consulter toutes les fois qu'il le jugerait nécessaire ; et la Constitution autorisait, en termes formels, le président à requérir les fonctionnaires du pouvoir exécutif de lui donner par écrit leurs opinions sur les sujets confiés à leur administration. Les attributions de chaque département étaient déterminées dans l'acte fondamental qui les organisait. Dans la confection de l'acte d'organisation une question importante fut soulevée ; celle de savoir de quelle manière et par qui les fonctionnaires publics pourraient être destitués. Cette question, d'une haute gravité, fut débattue longuement et dans une savante discussion, dans chacune des deux chambres.

Le Sénat délibérant à huis clos, on ne peut pas savoir quels furent les débats. Quant à la Chambre des représentants, la question qui fut d'abord mise en discussion fut de savoir s'il n'y avait pas un grand inconvénient à ce qu'il fût possible de destituer les fonctionnaires. Mais ce qui surtout fut l'objet des divisions de l'assemblée fut la question de savoir si leur destitution serait prononcée par le président seul, ou par le président et le Sénat. Cependant les deux chambres décidèrent à une grande majorité que la faculté de destituer les fonctionnaires serait attribuée au président tout seul. Dans la Chambre des représentants, la majorité ne fut que de douze voix.

On prévoit tout de suite les objections qui surgirent.

D'abord, la Constitution s'était prononcée : vouloir changer ce mode de destitution était altérer le texte et l'esprit du pacte fondamental. Sauf quelques exceptions déterminées franchement, le Sénat concourait, avec le président, à la nomination des fonctionnaires; il allait donc de source que le Sénat concourût également à la destitution. La Constitution étant muette sur ce point, il était logique, si l'on consulte les principes d'une sage liberté, de ne pas investir un seul individu de ce droit exorbitant de destitution, droit susceptible de grands abus, et qui plaçait les fonctionnaires sous la dépendance, sous le caprice, sous la fantaisie d'un seul. Si la confiance que l'on accorde au premier magistrat de la République peut autoriser une pareille concession, peut-on être assuré d'accorder une confiance égale à ses successeurs?

Cependant, d'autres représentants interrogeaient le génie et le caractère même du gouvernement nouveau. Ordinairement, disaient-ils, on peut laisser les questions constitutionnelles à l'interprétation du pouvoir judiciaire, sans y faire intervenir le pouvoir exécutif; mais cette question est d'un caractère exceptionnel. Le point de savoir si le droit doit être laissé au président et au Sénat concurremment peut soulever entre eux des dissidences qui peuvent faire naître des difficultés et des retards dans l'administration

publique. Un axiôme élémentaire en politique, c'est
que les pouvoirs exécutif, législatif et judiciaire doivent être distincts : on doit les confondre le moins
possible. Or, par la Constitution, le président est investi du pouvoir exécutif; ce n'est que par exception
que le Sénat intervient dans l'acte du pouvoir exécutif; ces exceptions à la règle générale doivent être
formellement suivies. C'est ainsi que, par la Constitution, tout le pouvoir législatif est délégué au Congrès,
et le droit de *veto*, accordé au président, est un droit
spécial, exceptionnel, qui vient apporter une seule
restriction à ce pouvoir général et absolu.

Le pouvoir de nommer les fonctionnaires est donc
absolument délégué au président seul. Il est autorisé
à nommer, et, sur l'avis du Sénat, à attribuer les pouvoirs spéciaux aux fonctionnaires. Le président est
donc l'agent du Sénat, et le Sénat a droit de *veto* sur
son pouvoir de délégation.

Ce droit, la Constitution non-seulement le consacre
directement, mais encore elle vient l'appuyer par
d'autres dispositions. Ainsi, il y est dit que le président doit tenir la main à ce que les lois soient fidèlement exécutées. Si un fonctionnaire, une fois nommé,
n'était pas placé sous la dépendance du président, il
lui serait bien difficile d'être ainsi responsable de l'exécution des lois.

Si ce pouvoir de destitution était partagé entre le Sénat et le président, la responsabilité serait nécessairement détruite, et les avantages qui y sont inhérents seraient évidemment perdus. En matière administrative, la discrétion et la promptitude sont les premiers garants de l'intérêt général. Or, si des faits sont de telle nature qu'il y ait nécessité de retirer immédiatement son mandat à un fonctionnaire, comment concilier la nécessité de ce renvoi avec les retards d'une convocation du Sénat, et l'obligation de le consulter ? Enfin, quant aux dangers qui pourraient résulter de l'abus de ce droit, c'est là une objection qui peut être soulevée à l'occasion de toute espèce de pouvoir, et qui est corrigée par le droit suprême accordé au pays d'élire le premier magistrat de la République. Or, si cette élection porte à la présidence le citoyen le plus digne, le plus intègre, le plus équitable, où est le danger de lui conférer, sans partage avec le Sénat, ce droit de révocation, dont il n'usera que pour satisfaire à une loi d'équité ?

MM. Lawrence et Madison, membres de la Chambre des représentants, trouvaient à ces dangers imaginaires un remède dans la censure publique, qui viendrait frapper le président au jour de la réélection ; et ce droit de destitution, dont il ferait abus contre un fonctionnaire bien méritant, tournerait contre lui-même et préparerait pour l'avenir le même droit de sa propre destitution aux yeux de ses électeurs.

XIX.

Une autre question, d'un caractère plus important peut-être, fut celle des incompatibilités. Cette question ne souleva pas une longue discussion ; la Constitution avait pris soin d'y pourvoir, en déclarant que « aucun sénateur, aucun membre de la Chambre des représentants ne pouvait, pendant la durée de son mandat et une année après avoir été membre du Sénat, être élu à aucune fonction civile. » Ce système fut adopté.

XX.

Les états de Virginie et de New-York avaient, on se le rappelle, déclaré qu'ils n'adopteraient la Constitution que sous la réserve des amendements qu'ils avaient proposés. L'état de Virginie avait surtout manifesté son opposition dans le choix de ses sénateurs. M. Madison, qui avait été un des partisans les plus décidés du nouveau système, ne fut pas élu ; et ses adversaires Richard Henri Lee et William Grayson furent, au contraire, choisis pour représenter l'état dans le sein du Sénat. La Chambre de la Virginie avait demandé la réunion d'une nouvelle Convention.

., Mais le Congrès n'avait pas le droit de statuer sur ce vœu.

M. Madison proposa de renvoyer à un comité spécial l'examen des divers amendements proposés ; ce qui fut fait ; et, après une longue discussion, on adopta douze articles, que l'on dut renvoyer aux États.

Ces douze articles portaient en substance ce qui suit :

Le Congrès ne devait faire aucune loi contraire à la liberté du culte, de la parole, de la presse, du droit de réunion et de pétition.

Le droit de porter des armes ne pouvait subir aucune restriction.

Aucun soldat ne pouvait, en temps de paix, être logé dans une maison privée, et, en temps de guerre, il ne pouvait l'être que conformément aux termes précis de la loi.

Les citoyens ne pouvaient subir aucune atteinte à la liberté du domicile ; aucune saisie, aucune recherche arbitraire ne pourraient les inquiéter contrairement aux lois, et sous la garantie des témoignages ou des serments exigés en pareille matière.

Il y était statué, en termes très formels, sur plusieurs points de procédure civile ou criminelle.

Quant au nombre des membres de la Chambre des représentants, il était statué que l'on nommerait un membre sur trente mille habitants, jusqu'à ce que le chiffre de cent membres fût atteint; à partir de ce chiffre, on en nommerait un par quarante mille habitants, et au-delà un membre par cinquante mille.

Cependant, le Sénat rejeta les divers amendements proposés par l'état de Virginie; ce fut un objet de mécontentement pour les sénateurs et les populations de cet état.

XXI.

Lorsque les amendements proposés furent adressés à la Chambre des représentants, les sénateurs de Virginie crurent devoir formuler une sorte de protestation, conçue en ces termes :

« Nous regardons comme impossible de donner à notre organisation une base solide et durable, si les amendements proposés ne sont pas adoptés. Nos amendements nous paraissent indispensables, eu égard à l'étendue du territoire des États-Unis, à tous les enseignements de l'histoire, à la nature humaine, à l'impérieuse nature des faits. Il nous semble impraticable de concilier les exigences de la liberté avec l'existence d'une force de gouvernement si grande, si étendue;

cela nous paraît être un obstacle insurmontable pour attirer la confiance et l'obéissance du peuple. On conçoit que des républiques confédérées jouissent d'une véritable liberté, et en même temps s'appuient sur une force réelle, garantie par l'union, lorsque l'autorité centrale ne vient pas s'absorber dans un pouvoir central. C'est dans ce but que notre état soumet au Congrès des amendements, dont le rejet entraînera l'annihilation complète du gouvernement partiel des états. Si nos efforts viennent à échouer, nous pensons, en raisonnant de la cause aux effets, qu'à moins qu'une dangereuse apathie ne s'empare des esprits, il se passera peu de temps avant que les assemblées législatives demandent une Convention générale, pour réviser la Constitution dans le sens de nos amendements. »

XXII.

Un débat assez long s'engagea sur la question de savoir où serait placé le siége du gouvernement; la question ne fut pas résolue.

L'indemnité accordée au président fut fixée à 25,000 dollars par an, au vice-président à 5,000. Les représentants reçurent 6 dollars par jour, et 6 dollars pour chaque vingt milles à parcourir : les sénateurs en reçurent 7 par jour et 7 pour le même trajet. Il fut alloué à chaque gouverneur 3,500 dollars, au chef de justice de la Cour suprême 4,000, à chaque juge assesseur 3,500.

La Caroline du nord et l'île de Rhode ayant refusé d'adopter la Constitution, furent exceptées de l'Union, et par conséquent de l'obéissance aux lois adoptées. Elles furent placées sur le pied des états étrangers vis-à-vis des États-Unis : des droits frappèrent leurs denrées.

Washington se hâta de confier les emplois des différentes parties de l'administration publique aux hommes désignés par leurs talents et leur caractère honorable. Il ne dut pas oublier, il n'oublia pas ceux qui avaient partagé avec lui les périls et les chances de la guerre de l'Indépendance.

Le principe fondamental qui présida à la nomination des agents du pouvoir exécutif servit merveilleusement à la fondation du gouvernement des États-Unis et le consolida. Ce principe avait sa formule dans un mot très connu de Washington : « Ne confiez les fonctions publiques, disait le général, qu'à des GENTELEMEN ! »

Ceux qui sont familiarisés avec la langue anglaise savent ce que ce mot GENTLEMAN veut dire.

Hélas!... les républicains de la veille, en France, ne doivent peut-être leur chûte qu'au peu de respect qu'ils ont témoigné pour cette maxime de Washington!

Il nomma :

Jefferson, ministre des affaires étrangères ;

Hamilton, ministre des finances ;

Knox, ministre de la guerre ;

John Jaz, grand juge ;

James Nilson, John Rutlidge, William Custing, Robert H. Harrison, John Blair, juges assesseurs de la Cour suprême ;

Edmund Randolph, attorney général ;

Nicolas Eveleigh, contrôleur général ;

Olivier Wolcott, auditeur ;

Joseph Nourse, greffier.

Le ministre des finances fut chargé de présenter dans le plus bref délai un système financier qui pût parer aux exigences de l'Union.

Et, conformément à ce grand principe religieux qui sert de base à l'organisation politique et administrative de ce grand peuple, le président, organe des deux Assemblées, recommanda au peuple des États-Unis de choisir un jour de prières et d'actions de grâces, adressées à Dieu « pour reconnaître du fond de leur cœur plein de gratitude, la divine influence du Très-Haut, qui leur a permis de formuler paisiblement une Constitution faite pour assurer leur prospérité. »

Le Congrès se sépara le 29 septembre, après s'être

ajourné au premier lundi de janvier 1790. Dans cet intervalle, l'état de la Caroline du nord adhéra à la Constitution.

XXIII.

Deuxième session du Congrès.

Le Congrès se rassembla à l'époque convenue.

Deux questions furent mises à l'ordre du jour, ayant pour but : l'une de fixer un emprunt destiné à payer les dettes contractées pendant la guerre ; l'autre de savoir où serait établi le siége du gouvernement des États.

La première question souleva de vives discussions.

C'était un point fort délicat à déterminer que de savoir dans quelles proportions les divers états devaient payer les dettes contractées pendant la guerre de l'Indépendance. Des engagements avaient été pris de deux sortes : les uns, dans un but tout à fait particulier à certains états, les autres dans un but général.

Le débat fut si vif, et la question parut si difficile à résoudre, qu'il ne fut décidé qu'à la majorité de 14 voix contre 12 que les dettes seraient payées par les états, en proportion de leurs avances faites. Une commission fut nommée et elle fixa, d'après les règles de la plus stricte équité, le montant des sommes que les états devaient payer ou recevoir.

Quant à la seconde question, il fut décidé que le siége du gouvernement serait provisoirement fixé à Philadelphie.

Cependant les états venaient ajouter à la communauté quelques fractions du territoire.

La Caroline du nord, par exemple, cédait quelques terres situées à l'ouest et le territoire méridional de l'Ohio venait former un nouvel état, jouissant des mêmes droits et des mêmes priviléges que les autres états. Le recensement de la population était fixé le premier lundi de l'année 1790 ; une loi de naturalisation était immédiatement promulguée, qui conférait le droit de cité à celui qui habitait les États depuis deux ans.

Un fond d'amortissement de la dette était créé, et l'on autorisait le président à contracter un emprunt en Europe, dans le but de racheter la dette.

En mai 1790, l'île de Rhode adhéra à la Constitution, et l'union des états qui avaient participé à la confection de la Constitution fut complète.

Au commencement de la session suivante, deux nouveaux états, Vermont et Kentucky, se joignirent à l'Union.

Ce fut dans cette session que le bill d'institution d'une banque nationale fut adopté. Une discussion très vive s'engagea sur ce point: et finalement, l'énergique appui de Washington en assura l'établissement.

Le montant du capital fut fixé à dix millions de dollars; le siége de la Banque fut fixé à Philadelphie, sa durée fut de vingt ans; commencée en 1791, elle devait durer jusqu'en 1811. Pendant cette période de temps, les états s'engageaient à ne créer aucune banque sous leur autorité, et une des clauses les plus importantes de l'acte fondamental fut qu'aucun emprunt ne pourrait être fait aux États-Unis pour plus de cent mille dollars, à un état particulier pour plus de cinquante mille, et pour aucune somme à un prince ou état étranger, à moins d'une autorisation spéciale des États; le privilége du prêt étant ainsi réservé à la banque nationale. Toutes ces clauses durent contribuer au succès que la banque ne tarda pas à obtenir, dans des proportions considérables.

Un bill fut aussi adopté qui établit un droit sur les spiritueux distillés. Cet impôt souleva de vives réclamations; non-seulement l'opposition fut vive au Congrès, mais une insurrection éclata dans l'état de Pensylvanie, où l'on fut obligé de faire emploi de la force armée.

Le premier Congrès ouvrit sa seconde session en octobre 1791.

Le président, dans son message, s'empressa de se féliciter de l'état prospère du pays. Le nouveau système de gouvernement avait déjà porté ses fruits.

« Vous avez pu remarquer, disait Washington, dans vos districts respectifs, les progrès de l'agriculture, des manufactures, du commerce, de la navigation. Vous avez dû, en recherchant les causes de cette prospérité, reconnaître que ce qui les a produites, c'est la confiance publique ou privée, qu'ont fait naître parmi nous la Constitution et les lois de notre pays ; c'est là la preuve irrécusable de la bonne renommée et du crédit que prend l'Amérique dans le monde. »

Faisant allusion à l'invasion des Indiens sur les frontières, Washington fit ressortir la nécessité impérieuse où il avait été de commencer contre eux l'offensive, tout en exprimant le désir de cesser les hostilités et d'arriver, par une transaction, à contribuer au bonheur des peuplades indiennes, le meilleur lien qui puisse être formé entre elles et les États-Unis.

Pour y aviser, il proposa d'adopter certaines règles relatives à l'aliénation des terres et au meilleur moyen à employer pour étendre sur cette race sauvage les bienfaits du commerce et de la civilisation, et, en même temps, pour leur infliger une pénalité sévère, dans le cas où elle violerait les conventions établies.

Cette session fut employée à la confection de plusieurs lois importantes sur la navigation, le droit de pêche, les règles d'après lesquelles, en cas de vacance, il serait pourvu au remplacement du président, l'établissement d'un hôtel des monnaies et la valeur des coins; les nouvelles proportions dans lesquelles devait être constituée la représentation nationale ; les moyens de défense, la formation uniforme d'un système de milice.

En ce qui concerne la représentation nationale, il fut décidé qu'on nommerait un membre pour trente mille habitants. La totalité des membres fut reportée également d'après cette règle sur les états de l'Union, en faisant profiter les fractions dans lesquelles le nombre de 30,000 était dépassé.

Washington regardait cette mesure comme contraire à la Constitution, en ce sens : 1° que la Constitution avait prescrit que le nombre des représentants serait proportionnel au nombre respectif des habitants de chaque état, et que, par le nouveau bill la division ne donnerait pas un nombre ou une proportion conforme à ce système, et 2° que, par la Constitution, le nombre des représentants ne devait pas excéder le chiffre de un représentant sur trente mille habitants, mesure qui devait s'appliquer aux états pris séparément et respectivement, tandis que, selon ce nouveau bill, le nombre des représentants serait, dans huit états, de plus d'un sur trente mille habitants.

Le président crut devoir opposer son *veto* au bill proposé. Ce fut la première fois qu'il usa de cette prérogative; et, le bill, n'ayant pas réuni les deux tiers des membres des deux chambres, fut rejeté. Le premier mode, d'après lequel était fixée la proportion d'un représentant sur trente mille habitants, fut adopté et servit de règle par la suite.

Les Indiens continuaient leurs invasions acharnées. Le général Saint-Clair fut défait; ce qui mit les frontières de l'Union à découvert. Washington se hâta, à l'ouverture de la seconde session, en 1792, de demander au Congrès les ressources nécessaires pour arrêter le progrès de ces invasions. Il les obtint, et le nombre des troupes préposées à la défense de la frontière fut augmenté.

Le bill des spiritueux avait été l'occasion de nouvelles révoltes dans l'intérieur. Le président promulgua plusieurs édits sévères contre les délinquants.

Il était tout simple, que les Etats eussent à subir, dès le début, les conséquences toutes naturelles de l'antagonisme qui s'était tout d'abord manifesté lorsque la Constitution fut adoptée. L'opposition avait été vive; les amendements proposés et pour la plupart re-

jetés, avaient augmenté les causes de cette division ;
on ne pouvait regarder comme parfaitement constitutionnels tous les actes du gouvernement central ; le
moindre prétexte devenait, pour les états dissidents dans
l'origine, une cause d'opposition ; et la création de la
dette publique, le privilége de la banque, le droit sur
les spiritueux, etc., etc.; tout cela fut autant d'armes à
l'usage des opposants systématiques des états de l'U-
nion.

Il y a mieux : au sein même du pouvoir, parmi les
chefs du gouvernement, la division commençait à régner ; on le savait, on le disait tout haut. La presse signalait à l'attention publique la conduite et le caractère
des hommes d'Etat à qui avait été confié le maniement des affaires.

M. Hamilton, l'auteur du système financier en vigueur, le promoteur de la banque et des mesures
fiscales ou autres, était accusé non-seulement de dé-
roger aux clauses fondamentales de la Constitution, et
de compromettre les intérêts de l'Union, mais on le disait opposé aux principes les plus élémentaires du républicanisme.

M. Jefferson, essentiellement dévoué au système fédératif et de la décentralisation des pouvoirs, passait
aussi pour un adversaire des plus dangereux de la Constitution, et comme ayant pour but décidé de détruire

le pouvoir central ou de circonscrire l'action dans des limites infiniment trop étroites.

Les hostilités ne tardèrent pas à commencer.

M. Giles ouvrit la brèche. Il demanda et obtint des chambres une enquête sur les emprunts négociés les 4 et 12 août 1790, ainsi que sur l'application et la répartition de ces emprunts.

« Si je me décide à faire cette motion, disait M. Giles, c'est que je crois que le ministre n'a pas employé les moyens les plus favorables à l'emprunt ».

La discussion prit de l'aigreur.

Le ministre ne dissimula pas, dans sa réponse, que son amour propre était blessé de l'attaque qui était portée contre lui ; il ne se contenta pas de fournir des témoignages de sa bonne et loyale gestion, il accusa son adversaire d'avoir voulu tromper la religion du Congrès à dessein et par une opposition méchamment calculée.

Mais M. Giles, après la lecture du rapport du ministre, présenta aux chambres des résolutions spéciales et distinctes contre lui. Il l'accusait de n'avoir pas informé le Congrès en temps opportun de l'arrivée des fonds empruntés au continent européen ; d'avoir violé la loi du 4 août 1790, en faisant de ces fonds une application détournée de sa destination légale ; de l'avoir fait, sans en informer le président ; d'avoir, à cette occasion, excédé ses pouvoirs, en contractant des emprunts sans autorisation suffisante, notamment en ce qui concernait l'argent prêté par la Hollande.

Mais ces griefs parurent trop frivoles au Congrès, qui repoussa à une grande majorité les propositions de M. Giles.

Les États furent un instant alarmés d'une décision prise par la Cour suprême des Etats-Unis, qui, saisie d'une affaire entre un citoyen de la Caroline du sud, contre l'état de Géorgie, autorisa la poursuite devant elle de cette action.

L'état de Georgie refusa de comparaître, l'attorney général des Etats-Unis donna gain de cause au plaignant.

Cette décision était fondée sur un article de la Constitution qui, en ce qui concerne le pouvoir judiciaire fédéral, dispose que sa juridiction s'étend sur les différends qui pourraient surgir entre un état et les citoyens d'un autre état. La Cour décidait que la Constitution ne limitait pas l'action au cas seulement où le plaignant était l'état.

Il s'ensuivit, en 1793, une action intentée contre l'état de Massachusets, et d'autres actions analogues furent annoncées. Mais le Congrès, dans le cours de la session suivante, proposa un amendement à la Constitution, déclarant que le pouvoir judiciaire du gouver-

nement central ne devait pas connaître des actions intentées en droit ou en équité contre un état par les citoyens d'un autre état, ou par les citoyens ou sujets
d'un état étranger. Les États ratifièrent cette décision
du Congrès. Elle fut insérée dans la Constitution.

Le 4 mars 1793, la seconde session du Congrès était
terminée, et Washington venait d'accomplir la première période de son administration comme président
des Etat-Unis.

XXIV.

Washington président pour la deuxième fois.

—

Ce ne fut pas sans quelque résistance que Washington accepta pour la seconde fois la présidence des
États-Unis. Il y fut porté par le vote unanime des
électeurs.

M. Adams fut aussi réélu vice-président; mais non
cette fois à l'unanimité.

Sur 132 votes, M. Adams en obtint 77 ;

M. Clinton, de New-York, 50 ;

M. Jefferson, 4 ;

M. Caron Burn, 1.

M. Clinton avait obtenu l'unanimité des votes de

New-York, de la Virginie, de la Caroline du nord et de la Georgie : Kentucky avait porté ses voix sur M. Jefferson.

De grands événements s'étaient passés en Europe.

La France avait renversé la royauté. Un échafaud royal s'était dressé. La République française était proclamée ; la guerre avait été déclarée par la France à l'Angleterre et à la Hollande.

Le choix de Washington, dans ces graves circonstances, fut une mesure providentielle pour les États-Unis. La situation était pleine de difficultés : il ne fallut rien moins que le génie du grand homme à qui les destinées de l'Amérique étaient confiées, pour que, la révolution française ayant éclaté, l'Amérique pût conserver son indépendance d'action, au milieu des conflits qui allaient diviser l'Europe et la contraindre à prendre un parti.

Que devait faire le gouvernement américain ?

XXV.

Affaire Genet.

—

La forme du nouveau gouvernement, en France, concordait avec la forme du nouveau gouvernement de l'Union. Au fond, la conquête des libertés françaises formait le pendant de l'indépendance américaine. Il ne pouvait donc y avoir qu'une véritable sympathie de l'Amérique pour la France.

Mais, après les luttes sanglantes que venaient de supporter les États-Unis, après les efforts que le gouvernement fédéral venait de faire pour constituer une nouvelle nation et pour obtenir, par la marche régulière de ses rouages, l'entrée de ce nouvel état dans le nombre des grands états du monde, fallait-il que le gouvernement américain, se lançant à nouveau dans une guerre de principes, allât traverser l'Océan et se mêler aux collisions de l'Europe?

Sans doute, si la France était en danger, si les libertés qu'elle fondait avaient besoin de défenseurs sympathiques et résolus, la gratitude seule pouvait imposer aux États-Unis le devoir de venir à l'aide de la République française. La France avait concouru à fonder la République de l'Union. La France menacée était une sœur que l'Amérique devait s'empresser de secourir. Tous les hommes d'État, en Amérique, furent pénétrés de cette grande et généreuse pensée.

Mais le péril n'était pas imminent, et le triomphe, au contraire, était complet.

Par conséquent, une manifestation à main armée eût été, de la part de l'Amérique, une faute stérile.

Inutile pour la France, elle eût été un crime de lèse-
liberté pour l'Union. Les forces de la République naissante voulaient être ménagées. Le mécanisme des institutions nouvelles avait besoin d'être mis en mouvement, sans que l'obstacle d'une guerre ou la chance
d'une révolution intérieure vinssent se dresser devant
tant d'efforts, tant de sacrifices ; il fut donc tout d'a-
bord décidé que l'Amérique ne livrerait aucun combat
en faveur de la République française.

Mais fallait-il que les États-Unis refusassent de reconnaître le gouvernement républicain de la France ?

Cette mesure eût été une injure, un acte d'ingratitude, une sorte de lâcheté.

L'Amérique était sœur de toutes les Républiques ;
elle avait, de plus, un lien d'affection avec la France.
Le gouvernement n'hésita pas : il reconnut la République française.

Il fut donc décidé que, tout en conservant une neutralité absolue, l'Amérique recevrait le ministre de
France.

Ce poste fut confié à M. Genet, qui, arrivé à Charlestown, dans la Caroline du sud, le 8 avril 1793, et y
étant resté quelques semaines, fut reçu, le 18 mai, à
Philadelphie, dans le cérémonial accoutumé, par le président des États-Unis, comme le représentant de la
République française.

Dans cette première entrevue, M. Genet assura le président qu'eu égard à la distance qui séparait les États-Unis de la France, celle-ci ne s'attendait pas à ce que l'Amérique prît fait et cause dans la guerre, mais que tout son désir était de voir les États-Unis sympathiser avec sa prospérité et son bien-être durant la paix.

Cependant, cette déclaration du ministre, faite officiellement, ne concordait pas avec les instructions secrètes que le pouvoir exécutif lui avait données à son départ.

Ces instructions ayant été publiées plus tard, alors que M. Genet crut devoir se justifier, offrent un intérêt assez grand pour que nous croyions devoir en faire connaître quelques extraits : En voici la substance :

« Le pouvoir exécutif, en présence de la haute mission des deux grandes nations contractantes, croit devoir proposer à l'Amérique de former une alliance étroite dans le but de fonder ensemble l'empire de la Liberté, de garantir la souveraineté du peuple, de punir ces gouvernements égoïstes qui voudraient faire prévaloir un système de commerce colonial exclusif, au point d'interdire à tous navires l'accès dans les ports des parties contractantes. Cette alliance, que le peuple français soutienda de toute son énergie, contribuera à achever l'émancipation complète du Nouveau-Monde. Une fois d'accord, rien ne sera plus facile que de mettre ce système de défense mutuelle en pratique : c'est sur ce point que le citoyen Genet devra particulièrement porter toute son attention. »

Après avoir posé en principe que la France avait un intérêt particulier à résister à l'Angleterre et à l'Espagne, et que l'Amérique était également intéressée à déconcerter les projets destructeurs de Georges III, le conseil exécutif ajoutait : « Comme il est possible que de faux rapports aient été faits au Congrès sur la situation de nos affaires à l'intérieur, sur l'état de notre marine, sur nos finances, et principalement sur les troubles qui nous ont déchirés, et que ces rapports seraient de nature à inspirer aux ministres américains une conduite timide ou cauteleuse, le conseil charge M. Genet, en attendant que le gouvernement américain prenne le parti définitif de faire cause commune avec la France, de prendre telle mesure qu'il jugera convenable pour arriver à ces fins de servir la cause de la liberté et de l'affranchissement des peuples. »

C'est là que les vues finales, les vues réelles du gouvernement français de cette époque sont mises à jour. Ce que le pouvoir exécutif appelait timidité, réserve, c'était le refus par le gouvernement américain de faire cause commune avec la France dans toutes les guerres désastreuses entreprises, ou soutenues contre l'Europe. Son envoyé devait se servir de tous les moyens en son pouvoir pour exercer sur le peuple une influence telle, qu'il l'entraînât dans ses desseins.

Au reste, prévoyant bien qu'il fallait, pour lutter avec avantage contre les grands pouvoirs maritimes ligués contre elle, faire quelques avantages à l'Amérique, la France, immédiatement après la déclaration de guerre contre la Grande-Bretagne et la Hollande, ouvrit aux États-Unis ses ports de l'Est et de l'Ouest, dans ses possessions coloniales du continent américain. Ce privilége était motivé, dans le libellé du contrat, par des considérations tout à la fois politiques et commerciales.

« La République française, dit M. Genet dans une lettre adressée, le 23 mai 1793, au ministre des affaires étrangères des États, ne voyant dans les Américains que des frères, leur ouvre tous ses ports. Elle accorde aux Américains toutes les faveurs accordées aux nationaux eux-mêmes, dans ses vastes possessions; elle veut que l'Amérique participe aux avantages de sa navigation, par des concessions faites à ses navires, aux mêmes titres qu'aux navires français : c'est dans ce dessein que je suis chargé d'enserrer dans un véritable lien de famille (*in a family compact)* un vaste système commercial et politique ayant pour base et pour principe la liberté et la fraternité des deux grands peuples. »

Jusqu'à ce jour, les relations de la France et de l'Amérique étaient réglées par un traité de 1778 ; il paraissait opportun de conclure un nouveau traité, sur des bases plus larges et plus libérales. Le citoyen Genet ne devait pas se dissimuler que, en l'état de l'Europe, une négociation nouvelle était hérissée de difficultés : qu'elle trouverait des obstacles de la part de l'Angleterre ; que celle-ci avait laissé des partisans à Philadelphie ; que, dans le sein du parlement même, il y avait des membres qui ne feraient rien qui pût paraître contraire aux vœux de l'Angleterre. Dans cette situation, le citoyen Genet devait se rendre maître de l'interprétation à donner au traité de 1778, être fort attentif à l'exécution de ceux des articles du traité qui étaient favorables au commerce et à la navigation de la France, et il devait faire comprendre aux Américains que, si, dans ces articles, ils s'en trouvait quelques-uns qui leur parussent onéreux, ils devaient les supporter comme étant une indemnité légitime du concours que la France leur avait prêté pour la conquête de leur indépendance.

Il fallait donc sonder avec habileté les dispositions du gouvernement américain sur ce point, afin d'en faire la condition *sine quâ non* de la liberté de leur commerce avec les Indes occidentales. Quelques termes assez humiliants pour l'Amérique suivaient ces instructions. Il n'y avait pas à s'arrêter aux objections d'un peuple dont l'appui n'était que nominal, tandis que le concours prêté par la France avait été réel. Dans le cas d'une résistance imprévue, la République française saurait bien employer une force suffisante pour laver l'insulte qu'elle essuierait et rendre plus faciles ses communications avec les îles en question. Enfin, le ministre français était pourvu de lettres de marque en blanc, avec la faculté de les délivrer à tels propriétaires français ou américains qu'il jugerait convenable; il avait même des lettres de commission militaire, dont il lui était loisible de disposer pour créer différents grades dans l'armée.

A cette époque, le président américain n'avait pas encore fait de traité sans consulter le Sénat. Il fut donc répondu à M. Genet que le Sénat n'était pas en session, et sa participation étant indispensable dans l'élaboration de ce traité, il convenait de différer jusqu'à sa convocation.

Ce délai était nécessaire; il était, en outre, logique. On savait très bien que le but réel de cette révision des traités qui liaient les deux nations avait un but plus politique que commercial. Avant la révolution, l'urgence des traités de commerce, si importante qu'elle parût, ne paraissait pas aussi impérieuse. C'est dans ce sens que M. Munroe, ministre américain en France, adressa, le 1er juin 1793, une lettre au pouvoir exécutif de France, où ces vues furent parfaitement exposées. M. Genet fut chargé bientôt de demander au gouvernement américain le reliquat des sommes dues à la France, bien que les termes de paiement ne fussent pas expirés; et, pour faciliter ce paiement, le gouvernement français proposait qu'il fût effectué en diverses productions indigènes au lieu de l'être en argent.

Des traites devaient être fournies à cet effet.

Le gouvernement américain fit savoir au ministre français que la situation financière du pays ne permettait pas de faire cette avance; qu'on ne pouvait y satisfaire que par un nouvel emprunt, mais que cette mesure serait préjudiciable au crédit des États-Unis.

La réponse du citoyen Genet fut faite en des termes qui sortaient évidemment de l'esprit des instructions qu'il avait reçues. « Sans entrer dans les raisons qui terminaient la lettre du gouvernement, raisons dont il ne voyait pas qu'on lui fournît la preuve, il reconnaissait l'influence de cet *infernal* système du roi d'Angleterre et des autres souverains, ainsi que le plan bien déterminé de détruire par la famine les républicains français et la liberté, etc., etc. »

Puis il sommait le président de lui indiquer le moyen de solder des marchands et des fermiers américains des fournitures qu'ils pourraient avoir à faire au compte de la France.

A partir de ce moment, il fallut bien entamer toutes les questions relatives à la situation respective des deux nations. Le ministre français et le gouvernement américain échangèrent alors des notes et une correspondance dont le style, de la part de l'agent français, est sans exemple dans la diplomatie. Il faut avoir sous les yeux le texte même de cette correspondance pour imaginer qu'elle ait pu exister entre le ministre d'une grande nation et le président des États-Unis.

M. Genet réclamait le droit d'armer des navires dans les ports américains, d'enrôler des nationaux pour la sainte croisade entreprise contre les nations, même celles avec lesquelles l'Amérique était en paix ; le gouvernement américain ne devait ni s'opposer à de tels armements, ni infliger de peine aux volontaires qui s'enrôleraient sous le drapeau de la France.

Dans une première note sur ce sujet, le ministre, après avoir reconnu qu'il avait armé dans le port de Charlestown, et que des Américains faisaient partie de l'expédition, disait qu'il n'y avait là aucune atteinte à la dignité de la nation américaine, à ses lois, aux principes de son gouvernement. Les navires armés étaient armés par des maisons françaises, et les Américains qui y participaient pour défendre leurs frères de France ne se trouvaient placés sous l'empire d'aucun traité qui leur ordonnât de les abandonner ; dans tous les cas, ceux qui étaient sur un navire français faisaient par cela même acte de renonciation à la protection de leur propre pays.

Cette nouvelle jurisprudence en matière de droit international dut nécessairement être repoussée par le gouvernement américain, qui informa le ministre français que des actes tels que des armements dans les ports des États-Unis, pour faire la guerre contre des nations avec lesquelles les États-Unis étaient en paix, devaient nécessairement contrarier le gouvernement américain dans l'exercice de ses pouvoirs.

Malgré l'évidente démonstration de ces principes élémentaires, le ministre Genet répondit par de nouvelles déclamations sur la conduite de l'Amérique, sur son ingratitude, sur son *lâche abandon* d'anciens amis. Puis, s'emparant des articles fort explicites des traités d'amitié et de commerce, il s'efforça de prouver que le texte commandait à l'Amérique une alliance défensive ; ce à quoi le gouvernement américain répondit d'une manière catégorique, en les discutant un à un, en sorte que la passion du citoyen Genet venait se briser contre la logique d'airain des raisonnements précis et froids du gouvernement des États.

Le ministre français appelait *subtilités diplomatiques* les éléments du droit des gens, et il s'appuyait, avec une insistance assez comique, sur ceci, par exemple, qui lui paraissait être d'une grande force : « Les citoyens ont, disait-il, la faculté d'aller chacun où bon leur semble; et celui qui veut guerroyer au compte d'une autre nation peut le faire, sans trouver d'obstacle de la part de son gouvernement : *donc*, ajoutait le citoyen Genet, si tous les citoyens veulent s'embarquer et se battre pour la France, ils peuvent bien le faire, nonobstant l'opposition du gouvernement américain. »

La déférence que portait le gouvernement des États à la France ne lui permit pas de regarder comme non avenue une pareille argumentation : on eut la patience de rétorquer les arguments et la logique du ministre Genet; on poussa même la condescendance jusqu'à citer, dans les notes remises, des textes de Vattel, ce qui faisait jeter les hauts cris à notre ministre, qui s'écriait : « Je me ris bien de vos aphorismes de Vattel, et de tous les jurisconsultes que vous invoquez; tout cela peut être ingénieux, mais sachez bien que vos beaux raisonnements reposent sur une base que je n'admets pas. »

Après les paroles vinrent les actes. Genet ne crut pas devoir s'arrêter aux considérations que cherchait à faire valoir le gouvernement américain : des navires furent armés, les approvisionnements furent faits, une juridiction maritime fut instituée par Genet ; les consuls de France s'y prêtèrent ; des jugements furent rendus et exécutés.

Un navire fut enfin retenu à Boston, réclamé par la flotte française comme étant sa possession, pris par la flotte française, contrairement à toute opposition de la part des autorités américaines ; et le président ayant annulé l'exéquatur du consul français, qui en avait ordonné la capture, Genet y répondit en faisant entrer ce navire dans le port même de New-York, annonçant que protection lui était accordée par les forces navales françaises.

Le président des États reconnut dans ce fait une infraction flagrante aux principes de neutralité convenue, et il donna des ordres aux gouvernements des États de prendre des mesures en conséquence. Des instructions sévères furent données aussi aux collecteurs des douanes pour que toute contravention aux lois de neutralité fussent portées à la connaissance du gouvernement des États.

M. Genet se plaignit. Selon sa jurisprudence, tout navire libre portait des marchandises également libres.

Les mesures que les États prenaient lui paraissaient donc contraires au droit des gens. Voici le style dont il se servait pour faire valoir son opinion à cet égard :

« Une piraterie audacieuse s'exerce sur toutes les mers contre la propriété française, même sur vos propres navires et aussi contre toute marchandise américaine destinée à un de nos ports. Vos droits politiques ne sont comptés pour rien. C'est en vain que les règles de la neutralité établissent que les navires amis donnent ce caractère aux marchandises; en vain le président des États s'efforce de réclamer dans ses actes la pratique de cette règle; en vain le désir de conserver la paix tend à sacrifier les intérêts de la France; en vain la soif des richesses l'emporte sur toute considération d'honneur, dans la politique américaine; toutes ces menées n'aboutissent à rien; nos ennemis s'en moquent; et la France, trop crédule, est punie pour avoir cru qu'une nation avait un pavillon, qu'elle portait quelque respect de ses lois, quelque foi dans leur force, et ressentait quelque dignité. Quant à moi, je ne puis vous dissimuler le chagrin que me fait ressentir un pareil scandale : j'y vois l'amoindrissement de votre commerce, l'oppression des vôtres, l'abaissement et le déshonneur des républicains. Mais, ajoutait Genet, dans son *memorandum*, si nous devons

subir cette déception, si vous n'êtes pas dans les conditions nécessaires pour maintenir la souveraineté de
votre peuple, parlez; nous avons su sauvegarder votre
dignité quand vous étiez esclaves, nous saurons bien
vous rendre toute votre énergie maintenant que vous
êtes devenus des hommes libres. »

Le gouvernement américain répondit à cette lettre,
qui sortait des plus simples convenances, par des ex-
plications sérieuses. Cependant, cela n'eut d'autre résultat que de provoquer de nouvelles infractions aux
traités. A Philadelphie, M. Genet fit armer en guerre
un navire anglais qui avait été pris, et, nonobstant les
réclamations du gouverneur, il en ordonna le départ.
Dans une conférence qu'il eut avec ce gouverneur, le
ministre de France s'oublia jusqu'à le maltraiter, et le
menaça même de faire appel au peuple américain pour
appuyer de pareils actes.

De tels procédés lassèrent la patience du président.
Le ministre américain, en France, M. Morris, fut
chargé de communiquer au gouvernement français le
désir généralement senti du rappel de M. Genet. Après
avoir constaté que, par sa conduite, M. Genet agissait
en souverain sur le territoire américain, qu'il y levait
une armée, donnait des commissions d'armement, agissait contrairement aux instructions que le gouvernement américain donnait à ses agents, excitait le désor-

dre et devait amener une collision entre les citoyens des États-Unis, le président concluait en disant que le partage du pouvoir ne pouvait se faire ainsi entre l'Amérique et le représentant de la France ; que, si M. Genet continuait à abuser de ses pouvoirs de cette sorte, le gouvernement se verrait forcé de les lui retirer en attendant son successeur. « Si nos concitoyens, disait le président dans sa lettre, ne se sont pas livrés à quelque lutte sanglante, ce n'a pas été la faute de M. Genet. Une occasion récente s'est présentée : le départ du navire anglais *le Petit-Démocrate.* Si le gouvernement américain l'avait interdit, une collision nécessaire s'en serait suivie ; les officiers du navire, le peuple, les troupes de l'Union se fussent battus. »

La copie de cette lettre fut communiquée à M. Genet le 16 septembre. Il n'en tint pas compte jusqu'en décembre. A cette époque, il répondit à cette dépêche par un acte dont les termes n'étaient pas faits pour ramener le calme dans de pareilles dissidences.

Dans ce *memorandum,* le citoyen Genet méconnaît toute l'autorité du président des États. Ce n'est pas à lui, c'est au peuple américain qu'il a affaire. Le peuple français et le peuple des États-Unis sont les deux souverains entre lesquels doivent se régler tous les traités, toutes les conventions. C'est ce dernier peuple qui, *fraternellement,* a reconnu le représentant de la France;

et quant à son rappel, toutes les nations libres protes-
teront contre un pareil acte. « Je suis envoyé, disait
M. Genet, au nom du peuple français à ses frères.
C'est aux représentants du peuple américain et non
pas à un seul individu qu'il appartient de dresser contre moi un acte d'accusation. Cette demande de rappel
ne peut être que le fait d'un despote en relations avec
un autre despote, et non le fait d'un peuple libre vis-
à-vis d'un autre peuple libre. » Quant aux faits qui lui
étaient reprochés, il y répondait par des faits analogues, d'après lesquels son orgueil national lui paraissait
avoir r̵ ̵u de sanglantes blessures. Ainsi, le président
lui avait paru manifester d'étranges préoccupations
lors de son arrivée dans les États; ce président déco-
rait son salon des portraits *de Capet et de sa famille;*
il avait persécuté les citoyens américains qui s'étaient
rangés sous la bannière de la France, et il lui paraissait
indispensable de déférer à un Congrès, réuni à cet
effet, le jugement de sa conduite; il fallait, par ce
moyen, consulter le peuple, fixer ainsi la véritable
politique des États-Unis et décider enfin si les liens
qui attachent la France et l'Amérique doivent être bri-
sés, relâchés ou resserrés.

Voilà pour les paroles; quant aux actes, ils furent
plus explicites encore.

M. Genet crut devoir prendre l'initiative directement dans les préparatifs d'une expédition de la Caroline du sud contre les Florides. Il envoya des commissaires chargés secrètement de lever une armée, d'organiser, de conduire des troupes dans les États avec le projet hautement avoué d'attaquer les possessions espagnoles. Le tout fut organisé avec une extrême discrétion. La conspiration était, du reste, complète.

Cependant, le bruit de ces projets et de ces préparatifs dut nécessairement transpirer. La Législature de la Caroline du sud en fut saisie en pleine session ; une enquête fut ouverte ; un comité de représentants en fut chargé : ce comité n'eut aucune peine à constater les faits : tous les documents furent réunis et le convainquirent de la réalité du complot ; les noms des individus, avec leur commission instituée par le ministre français, furent bientôt révélés.

Le tout fut renvoyé au président des États, qui fit communiquer au ministre de France les pièces du procès. M. Genet s'empressa d'adresser au ministre des affaires étrangères une note dans laquelle il déclarait qu'il n'avait autorisé en aucune manière le recrutement, l'organisation, ni la réunion d'aucune force armée sur *le territoire des États-Unis* ; mais il ajouta: « Je suis trop franc pour vous cacher *qu'autorisé par la nation française* à délivrer des commissions à ceux de vos concitoyens qui se sentaient animés du désir de servir la meilleure des causes, j'en ai délivré à de braves républicains de la Caroline du sud, qui m'ont manifesté l'intention de *s'expatrier* pour aller rejoindre les tribus indépendantes qui voulaient s'affranchir du joug humiliant de l'Espagne et de l'Angleterre. »

Mais le ministre Genet était trop bien lancé pour s'arrêter en si bon chemin.

Ce qu'il avait tenté dans la Caroline du sud, il le tenta bientôt sur d'autres points. Ce fut contre la Nouvelle-Orléans et la Louisiane qu'il dirigea ses vues, en s'appuyant, pour l'accomplissement de ses desseins, sur l'état de Kentucky.

Le but était de rendre libre la navigation du Mississipi.

Le président, prévenu de ces menées, avisa, le 29 août 1793, le gouverneur de Kentucky que des mesures étaient prises à Philadelphie pour exciter les citoyens de cet état à se joindre à l'entreprise. On lui signalait l'existence de sociétés démocratiques organisées dans ce but.

Aussi, en octobre, la société de Levingston déclarait que le droit du peuple américain sur la navigation du Mississipi était incontestable, et que ce droit devait être impérieusement réclamé par le gouvernement des États aux Espagnols.

Le ministre français crut devoir expédier quatre

agents français à Kentucky. Ces agents se nommaient La Chaise, Charles Depeau, Mathurin et Gignoux. Leurs instructions consistaient à enrôler des hommes pour une expédition contre la Nouvelle-Orléans et les possessions espagnoles.

Le 6 novembre, le gouverneur de Kentucky fut informé de ces menées. Il lui était recommandé de paralyser l'action de ces émissaires, de prendre des mesures pour empêcher les tentatives qu'on lui signalait et d'employer au besoin la force armée pour arriver à ces fins.

Or, le gouverneur lui-même était enrôlé dans le complot. Il y prêtait les mains; il était en correspondance avec les émissaires français.

C'est ainsi que Depeau informait le gouverneur de sa mission, par une lettre dont les termes sont trop curieux pour ne pas être rappelés ici :

« Citoyen gouverneur,

» Ne trouvez pas étrange que je vous écrive sur le projet suivant. Il a une grande importance.

» Je suis envoyé, de connivence avec l'ambassadeur français, avec plusieurs de mes compatriotes, pour me joindre à l'expédition du Mississipi.

» Je suis chargé de vous en aviser; j'ai commission pour cela auprès de vous. J'espère que cela ne vous désoblige pas; dans le cas contraire, je vous en demande bien pardon. Personne plus que moi ne fait des vœux pour votre prospérité et pour votre bien-être.

» Comme d'étranges rapports m'ont été faits, desquels il résulterait que Votre Excellence a reçu des ordre positifs pour m'arrêter moi et les miens, je vous prie de me faire savoir ce qu'il y a de vrai dans de pareils bruits. Je ne doute pas que vous ne satisfassiez à cette requête, si étrange qu'elle vous paraisse.

» Je vous prie de me faire un bout de réponse.

» Confiant dans votre désir de voir triompher la cause française, je suis un vrai démocrate,

» CHARLES DEPEAU. »

» *P. S.* Soyez assez bon pour faire distribuer les billets ci-inclus à notre noble société de démocrates. »

La réponse du gouverneur fut aussi singulière que la lettre.

Il informait Charles Depeau qu'il avait en effet reçu la mission pénible dont il l'entretenait, et qu'il donnerait à cette mission l'attention que la situation des choses lui permettrait d'y apporter.

On comprend que cette réponse n'était pas de nature à alarmer outre mesure les émissaires français, qui virent bien qu'ils n'avaient rien à craindre du gouverneur de Kentucky. D'après les documents dont il n'y avait pas moyen de contester la véracité, il fut reconnu que le projet consistait à lever 2,000 hommes, sous la garantie de l'autorité française, et le chef de cette armée, George Rogers Clarck reçut le titre officiel de major-général des armées de France, commandant en chef des légions révolutionnaires du Mississipi. Le but avéré de l'expédition était de lever une troupe de volontaires chargés de s'emparer des postes espagnols établis au Mississipi, d'affranchir le commerce de ce fleuve, et de rendre la liberté aux habitants, etc.

Tout fut prévu : jusqu'au salaire et à la récompense. Les volontaires de l'expédition recevaient à leur entrée au service mille ares de terre; ceux qui s'engageaient pour deux ans en recevaient deux mille ; enfin ceux qui promettaient de servir la France durant la guerre avaient la promesse de recevoir en propriété trois mille ares des terres qui seraient conquises. Les officiers étaient traités selon leurs grades et payés sur le même pied que les troupes françaises.

Telle était la situation des choses, lorsque le gouverneur de Kentucky, nommé Shelby, dans une réponse au ministre, en date du 29 août, répliqua qu'il n'avait jusqu'à ce jour rien vu de précis, relativement aux faits qui lui étaient signalés. Dans sa conviction, les habitants de Kentucky étaient trop pénétrés du sentiment de leurs devoirs pour intervenir dans des entreprises du genre de celle dont on l'entretenait.

« On m'a averti, écrivait-il le 13 janvier 1794, que le général Clarck avait levé une armée, nommé des officiers. Je n'ai rien vu jusqu'à ce jour qui me fasse ajouter foi à ces bruits ; je n'ai donc aucune mesure à prendre contre ces mouvements purement imaginaires.

» Je sais bien que deux hommes, La Chaise et Delpeau sont venus dernièrement dans l'état de Kentucky, qu'ils ont publiquement annoncé qu'avec un subside qu'ils attendaient, ils lèveraient des troupes et se dirigeraient sur les bords du Mississipi ; mais je ne saurais dire précisément s'ils ont ou non reçu les subsides en question. Je prie le président de me donner des instructions plus précises sur la conduite que je dois tenir. Je ne puis dissimuler mes scrupules sur le parti que l'on a l'air de vouloir suivre de réprimer un plan avant qu'il n'ait été mis à exécution. En effet, si la loi ne s'oppose pas à ce qu'un citoyen abandonne l'état où il réside, comment la loi peut-elle s'opposer au départ d'un grand nombre ?

» Si la loi permet à un seul citoyen de partir avec des armes et des provisions, elle ne peut l'interdire à plusieurs, et surtout punir l'intention d'agir ainsi.

» En toute occasion, je serai prêt à faire application d'un pouvoir clairement défini ; mais je ne saurais assumer l'exercice d'une autorité purement capricieuse contre des hommes que je regarde comme des amis et des frères, en faveur d'un homme que je regarde comme un *ennemi* et un tyran. Je me sens peu disposé à prendre une part active à punir ou à réprimer ce qui n'est qu'une intention de la part de mes concitoyens, le tout pour complaire aux craintes d'un ministre ou d'un prince qui voudrait ouvertement nous dépouiller d'un droit sacré et qui secrètement excite contre nous de sauvages et implacables ennemis.

» Ces considérations réservées, je ne refuse pas d'accomplir tout ce qui sera réclamé de moi par des voies constitutionnelles de la part du président des États-Unis. »

Evidemment une pareille manifestation ne pouvait laisser aucun doute sur la résistance que l'état de Kentucky préparait contre toute injonction qui pouvait paralyser l'exécution des projets en question. Aussi, le 24 mars 1794, le président crut-il devoir prendre des mesures sérieuses, et fit-il publier une proclamation avertissant les peuples de l'ouest de l'Union du danger qu'ils couraient en se mettant en opposition flagrante avec la loi.

En même temps, le général Wagne fut chargé d'établir une force militaire considérable au fort Massac, sur l'Ohio, avec des instructions très explicites sur ce qu'il avait à faire en cas de mouvements hostiles.

A peine ces ordres furent-ils connus, qu'une adresse

venue des habitants de l'Amérique occidentale fut immédiatement publiée. Elle sortait d'une société démocratique et on y lisait que « le temps était venu, ou bien d'abandonner ses droits actuels, ou de les obtenir à tout risque. » Elle terminait par un appel aux armes pour que l'Amérique occidentale se décidât à être le glorieux instrument de la Providence pour briser les chaînes des esclaves de la Louisiane.

Heureusement, des négociations entamées par le gouvernement américain avec le gouvernement espagnol assuraient par traité la navigation libre du Mississipi.

La violation des droits internationaux par un ministre étranger ne pouvait être tolérée plus longtemps. Le président en avait saisi le Congrès dès le 15 janvier 1794 : toute relation avec le citoyen Genet avait été interrompue ; et déjà Washington se préparait à présenter au Congrès un message à ce sujet, lorsque le ministre de France fut rappelé.

Le président des États-Unis eut la douleur, dans cette triste affaire, non seulement de se voir outragé, mais encore de reconnaître que la conduite de Genet trouvait des adhérents parmi beaucoup d'Américains.

L'enthousiasme avec lequel le nouveau ministre de la République française avait été accueilli lors de son arrivée à Charlestown et sur toute la route parcourue était une manifestation évidente de l'intérêt profond que les populations américaines prenaient à la cause de la France.

A Philadelphie, dès qu'il eut été reconnu par le gouvernement, un grand nombre d'habitants de cette ville s'étaient empressés de venir lui adresser des félicitations, dont un comité choisi pour cette démarche s'était fait l'organe. Une sorte de solennité avait présidé à cet acte public, et Genet y avait répondu avec le même appareil.

Les faits nouveaux ne pouvaient donc, à la suite de ces démonstrations réciproques d'amitié et de sympathie, que créer deux partis en Amérique: ceux qui soutenaient le ministre de France et ceux qui le combattaient. L'avénement de la République française avait créé dans l'ancien monde une sœur à la République des États-Unis. Les excès qui s'y commettaient perdaient de leur couleur sombre et horrifiante, à cette distance : les souvenirs de l'oppression anglaise étaient encore trop récents pour ne pas donner aux Américains l'explication spécieuse des excès de la vengeance contre les excès du despotisme aristocratique : les conventionnels n'étonnaient pas tous les républicains des États.

Dans les tentatives de Genet, ceux-ci ne voyaient que l'effort d'un propagandiste, et l'affranchissement de la

Louisiane, la lutte ouverte contre l'Espagnol, la mise en demeure faite par le ministre français auprès du gouvernement américain, de choisir entre la France et ses ennemis, tout cela pouvait entraîner le parti de l'opposition à suivre le drapeau que Genet cherchait à planter en Amérique.

D'un autre côté, la prudence de Washington, légitime dans les circonstances périlleuses de ce temps, passait pour une trahison aux yeux des partisans du ministre; et ses efforts pour préserver son pays du fléau de la guerre étaient pris pour une manifestation en faveur de l'Angleterre, en faveur de la coalition formée contre la République française.

Pour donner une idée de l'esprit qui animait les Américains à cette époque, voici l'extrait d'un journal, la *Gazette nationale*, imprimé en 1793, au siége même du gouvernemeut, et publié par un des employés supérieurs de ce département.

« Nous espérons bien que le ministre de France agira avec fermeté, avec courage. Le peuple est son ami, c'est l'ami de la France, qu'il ne craigne rien; le peuple est souverain. Trop de condescendance serait une injure portée à la cause qu'il défend, et préparerait bientôt un abus. Comment notre gouvernement se laisse-t-il dominer par une trop grande pusillanimité, au moment où le lion britannique montre ses dents

Mais reposons-nous-en sur la France et sur son ministre, qui sauront bien sauvegarder la dignité et la justice de sa cause, l'honneur et la bonne foi des nations. »

Voici comment s'exprimait à son tour le *Journal advertiser*, journal publié à Philadelphie.

« L'intention du pouvoir exécutif des États est évidemment d'annuler tous les traités d'amitié et de commerce avec la France, et de faire partie de la ligue des rois contre la République. »

Enfin, depuis son arrivée, Genet n'avait négligé aucun moyen pour créer des partisans à la France, non pas seulement partisans de sympathie et d'entraînement, mais partisans d'exécution et de résolution bien arrêtée.

C'est ainsi qu'à l'instar du club des jacobins, il avait présidé à la formation de clubs démagogiques dans plusieurs points des États. Des émissaires avaient été expédiés par lui pour y fomenter, par la tribune libre de ces clubs, des sentiments révolutionnaires, qui devaient animer les esprits pour la cause de la République et faire accepter même les éventualités d'une défensive mutuelle.

La frégate française qui l'avait apporté était l'objet de l'admiration d'un grand nombre de visiteurs. Les officiers qui la commandaient mettaient une complaisance très expressive à montrer aux Américains les inscriptions qui se lisaient sur les mats :

« Ennemis de l'égalité, changez ou tremblez ! »

« Peuples libres, vous voyez en nous des frères et des amis ! »

« Nous sommes armés pour défendre les droits de l'homme. »

Quelques faits étaient venus pourtant amoindrir l'enthousiasme primitif des Américains. La conduite du ministre Genet vis-à-vis des premiers magistrats des Etats-Unis; les vengeances cruelles exercées en France, sous la terreur, l'échafaud dressé pour Louis XVI et la reine, tout cela avait affaibli la cause de la République française parmi les hommes modérés et sages de l'Amérique.

Enfin, le bruit courut que Genet devait faire un appel au peuple, à l'occasion de ses différends avec le gouvernement des États. MM. Jay et King l'avaient affirmé. Le ministre crut devoir se défendre ; mais, dans une lettre qu'il adressa au président, il sortit des termes que lui commandaient tout à la fois le respect dû à l'homme et les convenances de sa situation officielle.

Washington répondit qu'il n'y avait pas lieu d'entretenir une correspondance privée entre lui et le ministre. Tout devait être officiel, et la lettre fut renvoyée aux membres du cabinet.

On sait la suite ; les Américains formèrent des réunions, dans lesquelles ils combattirent énergiquement la conduite du ministre, et demandèrent son changement.

XXVI.

Quant à Washington, fort de son désintéressement, sincère dans son but, il arriva au terme légal de sa réélection comme président de la République américaine, emportant les regrets et les souvenirs d'admiration de ses concitoyens. Il expliqua, dans un langage simple et digne, l'attitude de neutralité que l'Amérique devait conserver dans les mouvements de guerre qui divisaient alors les nations européennes ; et ce fut sa politique qui prévalut.

Tels furent les débats qui inaugurèrent l'établissement de la République aux États-Unis : telle fut la noble conduite de Washington , durant les deux périodes de sa présidence.

Nous avons exposé ces faits , pour qu'ils puissent servir de modèle. Terminons en donnant le texte de la Constitution des États-Unis.

CONSTITUTION

DES

ÉTATS-UNIS D'AMÉRIQUE.

Nous, le peuple des États-Unis, afin de former une union plus parfaite, établir la justice, assurer la tranquillité intérieure, pourvoir à la défense commune, améliorer le bien-être général, et garantir à notre postérité comme à nous-mêmes les bienfaits de la liberté, nous décrétons et publions cette Constitution pour les États-Unis d'Amérique.

TITRE PREMIER.

SECTION PREMIÈRE.

Tous les pouvoirs législatifs appartiendront à un Congrès des États-Unis, composé d'un Sénat et d'une Chambre de représentants.

SECTION DEUXIÈME.

1° La Chambre des représentants se composera de membres élus tous les deux ans par le peuple des divers états ; tout citoyen électeur de la législature de son état particulier (1), est également appelé à élire les représentants de l'Union.

2° Pour être éligible comme représentant, il faut être âgé de vingt-cinq ans, jouir depuis sept ans du titre de citoyen des État-Unis, et habiter, au jour de l'élection, l'état ou elle est faite.

3° Les représentants et les taxes directes seront proportionnés dans les divers états au nombre respectif de leurs habitants ; et, pour déterminer ce nombre, on ajoutera à la totalité des personnes libres, en y comprenant celles qui servent pour un temps limité, en n'y comprenant pas les Indiens non taxés, les trois cinquièmes de tous les autres habitants. Ce recensement sera fait pour le moment présent, trois années après la première réunion du Congrès des États-Unis, et ensuite de dix ans en dix ans, conformément au mode qui sera ultérieurement établi par une loi. Il n'y aura pas plus d'un représentant par 30,000 habitants (2), mais chaque état aura au moins un représentant.

---

(1) Indépendamment du Congrès fédéral, il existe dans chaque état une législature élective. Les conditions électorales de ces législatures varient suivant les localités ; ainsi il faut, dans certains états, pour jouir du droit électoral, payer un cens plus ou moins élevé ; dans certains autres, il suffit de n'être pas inscrit sur la liste des pauvres ; mais tous les états accordent les droits électoraux à vingt et un ans, et exigent une résidence d'une certaine durée au lieu où l'élection doit être faite.

(2) Au terme d'une loi de 1832, il n'y a plus aujourd'hui

Dès qu'il y aura une siége vacant dans la représentation d'un état au Congrès, les autorités exécutives de cet état devront convoquer le corps électoral pour procéder à une élection nouvelle.

4° La Chambre des représentants élira son président et ses autres dignitaires, et aura seule droit de mettre en accusation pour cause politique.

SECTION TROISIÈME.

1° Le Sénat des États-Unis sera composé de deux sénateurs par état, nommés l'un et l'autre pour six années par la législature de leur état. Chaque sénateur aura un vote.

2° Le Sénat, aussitôt qu'il sera réuni, et à raison de sa première convocation, sera divisé aussi exactement que possible en trois classes, pour, la première siéger deux années, la seconde quatre années, la troisième six années, de telle sorte qu'à l'avenir le Sénat se renouvelle régulièrement par tiers. Si, par suite de mort, démission, ou toute autre cause, le siége d'un sénateur devient vacant pendant l'intervalle des sessions de la législature particulière de l'état auquel le siége appartient, les autorités exécutives de cet état nommeront un sénateur provisoire, jusqu'à la prochaine convocation de la législature.

---

qu'un représentant par 48,000 habitants. En conséquence New-York envoie quarante représentants, et Delaware un seul.

3° Pour être éligible comme sénateur, il faut être âgé de trente ans, jouir depuis neuf ans du titre de citoyen des États-Unis, et habiter, au jour de l'élection, l'état où elle est faite.

4° Le vice-président des États-Unis sera président du Sénat, mais n'aura point de vote, si ce n'est en cas de partage.

5° Le Sénat aura le choix de ses autres dignitaires ainsi que d'un président *pro tempore* (pour la circonstance), pour le cas où le vice-président serait absent ou remplirait les fonctions de président des États-Unis.

6° Le Sénat connaîtra seul des accusations pour cause politique intentées par la Chambre des représentants ; en pareil cas, il fera prêter serment ou affirmation (1) à chacun de ses membres, et sera présidé par le chef de la justice lorsque le président de l'Union sera lui-même mis en jugement. Nulle condamnation ne pourra être prononcée qu'à la majorité des deux tiers des membres présents.

7° Le seul effet du jugement de condamnation rendu par le Sénat sur ces accusations, sera d'ôter à l'accusé les places qu'il occupait, et de le rendre inhabile à tout office public, lucratif ou honorifique. Le coupable pourra ensuite être poursuivi et jugé suivant la loi par les tribunaux ordinaires.

SECTION QUATRIÈME.

1° L'époque, le lieu, et le mode des élections des

---

(1) La Constitution se sert ici du mot affirmation, parce que

sénateurs et représentants seront réglés par la législature particulière de chaque état, à moins que, par une loi, le Congrès n'en ait autrement disposé, sous la réserve toutefois du lieu où les sénateurs doivent être élus, qui demeure invariablement fixé.

2° Le Congrès se réunira au moins une fois par an, et sa session ouvrira le premier lundi de décembre, si une loi n'a point fixé un autre jour.

SECTION CINQUIÈME.

1° Chaque chambre sera juge des élections, droits, et titres de ses membres ; et pourra, dès que sa majorité sera réunie, commencer ses travaux, sinon, s'ajourner de jour en jour, et contraindre par une peine quelconque les membres absents à se rendre aux séances.

2° A chaque chambre appartiendra le droit de faire son réglement, de punir la mauvaise conduite de ses membres, et même, mais seulement à la majorité des deux tiers, d'expulser un membre.

3° Chaque chambre tiendra un procès-verbal de ses séances ; le publiera à certaines époques, à l'exception cependant de ce qui lui paraîtra devoir rester secret ; et sera tenue, sur la demande d'un cinquième de ses membres, de consigner sur ce procès-verbal les votes

---

certaines sectes religieuses des Etats-Unis ne prêtent jamais serment.

négatifs ou affirmatifs de chacun de ses membres, quel que soit l'objet de la délibération.

4° Aucune des deux chambres ne pourra, pendant la durée du Congrès, s'ajourner à plus de trois jours sans le consentement de l'autre chambre, ni se réunir dans un autre lieu que celui fixé pour la session du Congrès.

SECTION SIXIÈME.

1° Les sénateurs et représentants recevront pour leurs services une indemnité qui sera fixée par une loi et payée par le Trésor public. A moins de trahison, félonie, ou attentat contre la paix publique, ils seront inviolables pendant toute la durée de la session, et sur leur route pour aller au Congrès ou pour en revenir. Ils ne pourront non plus être recherchés ni inquiétés en quelque lieu que ce soit au sujet de leurs votes et de leurs opinions.

2° Les sénateurs et représentants ne pourront, pendant le temps pour lequel ils auront été élus, exercer une fonction civile sous l'autorité des États-Unis, si cette fonction a été créée, ou si les appointements en ont été augmentés pendant la même époque. Aucun fonctionnaire des États-Unis ne pourra faire partie de l'une ou de l'autre chambre tant qu'il conservera sa place.

SECTION SEPTIÈME.

1° Tout bill établissant un impôt émanera de la

Chambre des représentants ; mais le Sénat pourra, sur ces bills, comme sur tous autres, proposer des amendements.

2° Tout bill approuvé par la Chambre des représentants et par le Sénat, devra, pour avoir force de loi, être présenté au président des États-Unis. Le président le signera s'il l'approuve ; dans le cas contraire, il le renverra avec ses objections à la chambre où il aura pris naissance. Cette chambre transcrira littéralement sur son procès-verbal les objections du président, et procédera à un nouvel examen. Si le bill, après ce second examen, est approuvé par les deux tiers de la chambre, il sera renvoyé, avec les objections du président, à l'autre chambre, qui le discutera de nouveau ; et enfin il deviendra une loi s'il obtient dans cette seconde chambre la même majorité. Mais, en pareil cas, les votes des chambres seront pris par *oui* ou par *non*, et les noms de tous les votants pour ou contre inscrits sur le procès-verbal de chaque chambre. Tout bill qui n'aura pas été renvoyé par le président dans les dix jours de sa présentation (les dimanches non compris), aura force de loi, comme s'il avait été signé par le président, à moins que, par son ajournement, le Congrès n'ait rendu son renvoi impossible ; auquel cas le bill ne sera pas une loi.

3° Tous ordres, votes, ou résolutions nécessitant le concours du Sénat et de la Chambre des représentants, à l'exception des questions d'ajournement, ne seront exécutoires qu'après leur présentation au président et son approbation ; et si celui-ci les rejette, devront être de nouveau votés par les deux chambres, à la majorité des deux tiers de leurs membres, ainsi qu'il a été dit ci-dessus pour les bills.

SECTION HUITIÈME.

Il appartient au Congrès :

1. D'établir et faire percevoir toutes taxes, droits, impôts et contributions ; d'acquitter les dettes publiques, de pourvoir à la défense commune et au bien-être général ; les droits, contributions, impôts seront les mêmes pour tous les états de l'Union ;

2. De contracter des emprunts sur le crédit national ;

3. De régler le commerce tant à l'intérieur qu'à l'extérieur, et avec les tribus indiennes ;

4. De décréter une législation uniforme sur les naturalisations et sur les banqueroutes ;

5. De battre la monnaie, d'en déterminer la valeur, ainsi que celle des monnaies étrangères, et de fixer les étalons des poids et mesures ;

6. De porter des peines contre les contrefaçons du papier public et de la monnaie de l'Union ;

7. D'établir des bureaux et des routes de poste ;

8. D'encourager le progrès des sciences et des arts utiles, en assurant pour un temps limité aux auteurs

et inventeurs le droit exclusif de leurs écrits ou découvertes ;

9. De constituer tous tribunaux au dessous de la Cour suprême, de définir et de punir les pirateries et félonies commises sur les mers, et tous attentats au droit des gens ;

10. De déclarer la guerre, accorder des lettres de marque ou de représailles, et régler tout ce qui concerne les prises de terre et de mer ;

11. De lever et entretenir les armées ; mais aucun budget à cet égard ne pourra être voté pour plus de deux ans ;

12. D'organiser et d'entretenir une marine ;

13. De régler l'administration et le commandement des forces de terre et de mer ;

14. D'assurer le recrutement de la milice destinée à faire exécuter les lois de l'Union, étouffer les insurrections et repousser les invasions ;

15. De pourvoir à l'organisation, à l'armement et à la discipline de la milice, et de disposer de cette partie de la milice nécessaire au service de l'Union, en laissant aux divers états la nomination des officiers, la surveillance de la discipline ordonnée par le Congrès ;

16. D'exercer en toute circonstance la législation exclusive de tout district ne dépassant pas dix milles carrés, cédé par un état particulier et accepté par le

Congrès, pour devenir le siége du gouvernement; et
d'exercer une autorité semblable sur tous les lieux
achetés avec le consentement de l'état où ils sont si-
tués, pour l'érection des forts, magasins, arsenaux,
chantiers et autres établissements d'utilité publique ;

17. De faire toutes les lois nécessaires pour assurer l'exécution des pouvoirs ci-dessus, et autres pouvoirs attribués par cette Constitution soit au gouvernement, soit à ses divers départements.

SECTION NEUVIÈME.

1° Le Congrès ne pourra, jusqu'à l'année 1808, s'opposer à la migration ou importation de toutes personnes que chacun des états jugera convenable; mais il
pourra assujettir toute importation à une taxe qui
n'excédera point dix dollars par tête.

2° Le privilége de l'*habeas corpus* ne pourra être
suspendu qu'en cas de rébellion, invasion, et pour
cause de sûreté publique.

3° Aucun bill d'*attainder*, ou loi rétroactive *ex post-
facto*, ne pourra être décrété.

4° Les capitations et taxes directes ne pourront
être établies qu'en proportion du cens dont il a été
ci-dessus parlé.

5° Les articles d'exportation ne pourront être frap-
pés d'aucune taxe ni d'aucun droit. Nulle préférence

ne pourra être donnée, dans un traité de commerce, aux ports d'un état sur ceux d'un autre ; enfin aucun navire expédié par un état ou vers un état, ne sera obligé d'entrer dans les ports d'un autre, ou d'y payer un droit.

6° Le Trésor ne pourra faire le moindre paiement qu'en vertu d'une loi ; un compte exact des recettes et dépenses publiques sera publié de temps en temps.

7° Aucun titre de noblesse ne sera accordé par l'Union ; il est interdit à tout fonctionnaire public d'accepter sans le consentement du Congrès, quelque présent, honoraire, place ou titre quelconque, des rois, princes ou états étrangers.

8° Il est interdit aux divers états de l'Union de former des alliances ou confédérations, d'accorder des lettres de marque ou de représailles, de battre monnaie, d'emprunter, de donner cours forcé à autre chose qu'aux monnaies d'or et d'argent, de décréter un bill d'*attainder* ou loi rétroactive *ex post-facto*, de modifier les effets de contrats, et d'octroyer des titres de noblesse.

9° Il est également interdit aux divers états d'établir, sans le consentement du Congrès, des droits ou impôts sur les importations ou exportations, à l'exception de ce qui pourra leur être absolument nécessaire pour le paiement de leurs lois d'inspection ; mais alors ils devront verser tous les revenus nets de ces impôts au Trésor public de l'Union, et toutes leurs lois à ce sujet seront révisables et contrôlables par le Congrès ; enfin il est interdit à tout état d'établir , sans le consentement du Congrès, des droits de tonnage, d'entretenir des troupes ou vaisseaux de guerre en temps de paix, de faire des traités ou des alliances avec les puissances étrangères, et de s'engager dans une guerre, à moins d'invasion ou d'un danger si pressant, qu'on n'admettrait aucun délai.

TITRE DEUXIÈME.

SECTION PREMIÈRE.

1° Le pouvoir exécutif sera confié à un président des États-Unis, nommé pour quatre années ; un vice-président sera nommé pour le même laps de temps. L'un et l'autre seront élus de la manière suivante :

2° Chaque état élira, d'après le mode prescrit par sa législature, un nombre d'électeurs égal au nombre total des sénateurs et représentants qu'il enverra au Congrès (1) ; mais les sénateurs, les représentants et les fonctionnaires relevant de l'Union ne pourront être nommés électeurs.

3° Les électeurs se réuniront dans leurs états respectifs, et voteront au scrutin pour deux personnes, dont l'une au moins devra être étrangère à leur état. Ils feront une liste de tous les candidats qui auront

______

(1) Le nombre de ces électeurs s'élevait environ à trois cents aux dernières élections. (*American directory.*)

obtenu des suffrages, constateront le nombre de suffrages obtenu par chacun d'eux, signeront la liste et l'enverront cachetée au siége du gouvernement, à l'adresse du président du Sénat. Celui-ci, en présence des deux chambres, ouvrira les listes, et fera le dépouillement des votes. Le candidat qui aura obtenu le plus grand nombre de suffrages sera proclamé président, pourvu cependant que le nombre des votes par lui obtenus représente la majorité des électeurs appelés. Si deux ou plusieurs candidats réunissent cette majorité et un nombre égal de suffrages, la Chambre des représentants choisira entre eux un président par la voie du scrutin. Si, au contraire, personne n'a obtenu cette majorité, ladite Chambre choisira au scrutin le président parmi les cinq membres qui auront réuni le plus de suffrages ; mais alors les votes seront comptés par état, les représentants de chaque état n'ayant qu'un vote ; un membre ou des membres de la représentation des deux tiers des états devront être présents, et la majorité de ces états sera nécessaire pour valider ce choix. Dans tous les cas, après le choix du président, le candidat qui, d'après les listes des électeurs, aura obtenu le plus grand nombre de votes, sera proclamé vice-président ; et, si deux ou plusieurs personnes ont obtenu le même nombre de suffrages, le Sénat choisira entre elles au scrutin.

4° Le Congrès peut fixer l'époque à laquelle les électeurs seront nommés, et le jour où ils voteront, lequel jour devra être le même pour tous les états de l'Union.

5° Nul ne sera éligible comme président, s'il n'est citoyen natif des États-Unis, ou naturalisé au moment de l'adoption de la présente Constitution ; s'il n'est âgé de trente-cinq ans et s'il n'habite point, depuis quatorze ans un état de l'Union.

6° En cas de destitution, mort, démission ou inhabileté du président à remplir ses fonctions, le vice-président sera investi de tous ses pouvoirs. Le Congrès pourra, par une loi, pourvoir aux renvoi, mort, démission ou inhabileté tant du président que du vice-président, et désigner le fonctionnaire qui exercerait alors leurs pouvoirs, jusqu'à la cessation de l'inhabileté, ou la nomination d'un nouveau président.

7° Le président recevra pour ses services, à des époques déterminées, une indemnité qui ne pourra être augmentée ni diminuée pendant la durée de ses fonctions ; et il lui est interdit pendant le même espace de temps, de recevoir aucun autre émolument, soit de l'Union, soit d'un état de l'Union.

8° Le président, avant d'entrer en fonctions, prêtera le serment ou l'affirmation qui suit :

« Je jure, ou j'affirme solennellement que je rem-
» plirai fidèlement la place de président des États-
» Unis, et que j'emploierai toutes mes facultés à
» maintenir, protéger et défendre la Constitution. »

SECTION DEUXIÈME.

1° Le président sera le commandant en chef de l'armée et des flottes des États-Unis, et de la milice des divers états lorsqu'elle sera appelée au service de l'Union. Il pourra exiger que les principaux fonctionnaires des divers départements exécutifs lui donnent leurs opinions par écrit sur tous les sujets relatifs à leurs départements, et accorder des commutations de peine et des lettres de grâce à tous ceux qui se seraient rendus coupables envers l'Union, à l'exception des personnes mises en accusation par la Chambre des représentants.

2° Le président aura le pouvoir de faire des traités, avec l'autorisation du Sénat et l'approbation des deux tiers au moins des sénateurs présents; il nommera et désignera, du consentement du Sénat, les ambassadeurs, les ministres publics, les consuls, les juges de la cour suprême, et tous autres fonctionnaires de l'Union institués par les lois, et dont la présente Constitution n'aurait pas autrement réglé la nomination. Mais le Congrès peut, par une loi, attribuer la nomination de tous les fonctionnaires inférieurs qu'il désignera, soit au président seul, soit aux Cours de justice, soit aux chefs des départements (1).

3° Le président pourvoira au remplacement de tous

----

(1) En 1789, le Congrès décida que le président, étant responsable, ne pouvait être contraint de se servir d'agents qui n'avaient pas sa confiance, et lui permit de destituer les fonctionnaires sans prendre l'avis du Sénat. Le président a environ 12,000 fonctionnaires sous sa dépendance.

les fonctionnaires dont les places viendraient à vaquer pendant l'intervalle des sessions du Sénat, et déléguera, à cet effet, des commissions, qui expireront à la fin de la prochaine session.

SECTION TROISIÈME.

De temps en temps, le président devra présenter au Congrès des rapports sur l'état de l'Union, et soumettre à son examen les mesures qu'il jugera nécessaires ou utiles. Il pourra, dans des occasions extraordinaires, convoquer les deux chambres ou l'une d'elles, et, si elles ne s'entendent pas sur l'époque de leur ajournement, les ajourner lui-même à l'époque qu'il jugera convenable. Il recevra les ambassadeurs et autres ministres publics. Il surveillera la fidèle exécution des lois, et commissionnera tous les fonctionnaires de l'Union.

SECTION QUATRIÈME.

Les président, vice-président, et tous autres fonctionnaires publics de l'Union, pourront être destitués lorsqu'ils seront convaincus de trahison, de concussion, de crime ou même d'inconduite.

TITRE TROISIÈME.

SECTION PREMIÈRE.

Le pouvoir judiciaire de l'Union appartiendra à une Cour suprême, et tels autres tribunaux inférieurs que le Congrès pourra de temps en temps établir. Les juges de la Cour suprême et ceux des tribunaux inférieurs conserveront leur place, tant qu'ils auront une bonne conduite ; et ils recevront pour leurs services, à des époques déterminées, une indemnité, qui ne pourra être diminuée tant qu'ils resteront place.

SECTION DEUXIÈME.

1° Seront du ressort du pouvoir judiciaire toutes les difficultés de droit et de fait auxquelles pourront donner lieu la présente Constitution, les lois de l'Union, et les traités faits ou qui seraient faits en son nom ; toutes les causes concernant les ambassadeurs, les ministres publics, les consuls, ainsi que celles de l'amirauté et de la juridiction maritime ; toutes les contestations dans lesquelles l'État sera partie ; toutes les contestations qui s'élèveront entre deux ou plusieurs états, entre un état et des citoyens d'un autre état, entre des citoyens de divers états, entre des citoyens du même état revendiquant des terres cédées par un autre état ; enfin entre un état ou les citoyens de cet état, et des états, citoyens ou sujets étrangers.

2° La Cour suprême connaîtra seule des causes relatives aux ambassadeurs, ministres publics et consuls, ou dans lesquelles l'État serait partie ; elle ne connaîtra, tant en fait qu'en droit, des autres cas sus-mentionnés, que comme Cour d'appel, avec de tels exceptions et réglements que le Congrès pourra faire.

3° En matière criminelle, excepté dans les cas de

mise en accusation par la Chambre des représentants, le jury sera la seule autorité compétente. Le jury se réunira au lieu où le crime aura été commis, et, si le crime n'a point été commis dans l'un des états de l'Union, le jury sera convoqué au lieu que le Congrès fixera par une loi.

SECTION TROISIÈME.

1° Il n'y aura trahison envers les États-Unis qu'autant qu'on leur aura déclaré la guerre ou qu'on aura prêté aide et assistance à leurs ennemis, et nul ne sera convaincu de trahison que d'après son propre aveu ou la déposition de deux témoins attestant un même fait patent.

2° Le Congrès fixera la peine de la trahison, sans toutefois pouvoir infliger la corruption du sang ou la confiscation, si ce n'est pendant la vie du coupable.

TITRE QUATRIÈME.

SECTION PREMIÈRE.

Pleine confiance et crédit seront donnés dans chaque état aux actes publics, procès-verbaux et procédures judiciaires de tous autres états ; le Congrès pourra déterminer par une loi et les formes authentiques de ces actes publics ou procédures, et leurs effets.

SECTION DEUXIÈME.

1° Tout citoyen de chacun des états de l'Union aura

droit aux priviléges et immunités attachés, dans les autres états, au titre de citoyen.

2° Tout individu accusé, dans un état, de trahison, félonie ou tout autre crime, qui sera parvenu à s'évader, et qui sera trouvé dans un autre état, sera, sur la demande des autorités administratives de l'état dont il s'est enfui, livré à l'état qui aura droit de connaître de son crime.

3° Toute personne assujettie à un service ou un travail dans un état, d'après les lois de cet état, et qui se sauvera dans un autre, ne pourra invoquer le bénéfice des lois ou règlements de l'état dans lequel elle se sera réfugiée, pour s'affranchir de ce service ou de ce travail, mais devra au contraire, à la première réclamation, être livrée à la partie intéressée.

SECTION TROISIÈME.

1° Le Congrès pourra admettre de nouveaux états dans l'Union ; mais il ne pourra constituer ni incorporer un nouvel état dans la juridiction d'un état, ni former un état de la réunion de deux ou plusieurs états, non plus que de quelques parties de divers états, sans le consentement de la législature particulière des états intéressés.

2° Le Congrès aura le droit de disposer du territoire et des autres propriétés de l'Union, et de faire à cet égard tels règlements qu'il jugera convenables, et rien, dans cette Constitution, ne pourra être interprété dans un sens contraire aux droits de l'Union en général et de chacun des états en particulier.

3° L'Union garantit à tous les états dont elle se compose une forme de gouvernement républicain, et une égale protection contre toute invasion et aussi contre toute violence extérieure, sur la demande de la législature ou du pouvoir exécutif, si la législature ne peut être convoquée.

TITRE CINQUIÈME.

Le Congrès pourra, sur la demande des deux tiers de ses membres, proposer des amendements à la Constitution, ou, sur la requête des législatures des deux tiers des états, convoquer à cet effet une Convention. Les amendements ainsi votés deviendront partie intégrante de la Constitution, aussitôt qu'ils auront été ratifiés par les législatures ou les Conventions des trois quarts des divers états, suivant que le Congrès aura adopté l'un ou l'autre mode de ratification. Aucun amendement fait avant l'année 1808 ne pourra cependant affecter d'une manière quelconque la première et la quatrième clause de la neuvième section du titre premier, et aucun état ne sera privé sans son consentement de sa représentation au Sénat.

TITRE SIXIÈME.

1° Les dettes et engagements contractés avant l'adoption de cette Constitution auront la même force que sous la Confédération.

2° Cette Constitution, ainsi que les lois et traités faits ou qui seront faits conformément à ses dispositions, formeront la législation suprême du pays, et les juges de chaque état s'y conformeront nonobstant tout statut contraire des lois particulières d'un état quelconque.

3° Les sénateurs, les représentants sus-mentionnés, les membres des législatures des divers états, et tous fonctionnaires du pouvoir exécutif ou judiciaire, tant de l'Union que des états en particulier, devront se lier par serment ou affirmation au maintien de cette Constitution ; il est interdit d'introduire dans la formule de ce serment et affirmation aucune expression dont les diverses sectes religieuses de l'Union puissent se faire un cas de conscience.

TITRE SEPTIÈME.

La ratification donnée par les Conventions de neuf états suffira pour valider cette Constitution et la rendre ensuite obligatoire à tous les états qui la ratifieront.

Fait en Convention, le 17 septembre 1787.

Signé : WASHINGTON,

et trente-neuf autres citoyens.

AMENDEMENTS A LA CONSTITUTION.

1° Le Congrès ne pourra faire aucune loi soit pour établir, soit pour prohiber une religion, ni restreindre la liberté de la presse et de la parole, ni entraver le droit qui appartient à tous les citoyens de s'assembler paisiblement et de réclamer du gouvernement le redressement des abus.

2° Comme une milice bien exercée importe à la sécurité d'un état libre, le droit des citoyens d'avoir et de porter des armes ne pourra être restreint.

3° Nul soldat ne sera logé, en temps de paix, dans une maison particulière, sans le consentement du propriétaire ; ni en temps de guerre, si ce n'est d'après le mode qui sera établi par une loi.

4° C'est un droit pour tous les citoyens de jouir en paix de leur personne, de leur domicile, de leurs papiers et de leurs effets, sans avoir à craindre des saisies ou des perquisitions déraisonnables ; un tel droit ne pourra être violé. Nul mandat ne sera donc lancé que sur des présomptions puissantes et soutenues par serment ou affirmation. Tout mandat devra spécifier le lieu où les perquisitions devront être faites, et les personnes ou objets à saisir.

5° Nul ne sera tenu de répondre à une accusation

capitale ou infamante qu'après le jugement d'un grand jury, à l'exception des délits commis par les soldats de terre ou de mer, ou ceux de la milice quand elle est en service actif par suite de guerre ou de tout autre danger public. Nul ne sera soumis deux fois pour le même fait à une procédure qui compromettrait sa vie ou l'un de ses membres ; ne sera tenu, dans une cause criminelle, de s'accuser lui-même ; enfin ne pourra être privé de sa vie, de sa liberté ou de ses biens, si toutes les formalités judiciaires prescrites par la loi n'ont pas été remplies. Les propriétés particulières ne pourront être affectées à un usage public qu'après une indemnité équitable.

6° Dans toute poursuite criminelle, l'accusé aura le droit d'être jugé promptement et publiquement par un jury impartial de l'état et du district dans lequel le crime aura été commis. Il sera informé à l'avance de la nature et des motifs de l'accusation, confronté avec les témoins à charge, autorisé à faire comparaître ceux qu'il jugera devoir lui être favorables, et pourvu d'un conseil pour sa défense.

7° Dans tous les procès qui, par leur nature, devront être décidés par la loi commune, et dont l'importance excédera 20 dollars, le jugement par jury sera conservé et tout jugement ainsi rendu ne pourra être révisé par les cours de l'Union que conformément à la loi.

8° Il ne sera imposé ni cautions exagérées, ni amendes excessives, ni punitions cruelles et inusitées.

9° L'énumération faite dans cette Constitution de certains droits ne devra point être interprétée dans un sens contraire aux autres droits qui peuvent appartenir au peuple.

10° Les pouvoirs que la Constitution ne délègue pas à l'Union ou n'enlève pas aux états particuliers, continueront d'appartenir aux états ou au peuple.

11° Les procédures présentement commencées contre un des états par les citoyens d'un autre état, ou par les citoyens et sujets d'un état étranger, ne seront point du ressort du pouvoir judiciaire de l'Union.

12° § 1er. Les électeurs se rassembleront dans leurs états respectifs et procéderont au scrutin à la nomination du président et du vice-président, dont l'un au moins devra être étranger à leur état. Ils désigneront sur un premier bulletin la personne qu'ils portent à la présidence, et sur un autre bulletin celle qu'ils portent à la vice-présidence. Ils feront des listes distinctes de toutes les personnes désignées pour la présidence et pour la vice-présidence, et du nombre de votes obtenu par chacune d'elles. Ces listes seront par eux signées, certifiées, scellées et envoyées au siége du gouvernement, à l'adresse du président du Sénat. Le président du Sénat ouvrira tous les procès-verbaux en présence des deux chambres, et fera le dépouillement des votes. Le candidat qui aura obtenu le plus grand nombre de suffrages pour la présidence sera président, si ce nombre représente la majorité de tous les électeurs réunis. Si cette majorité n'a été obtenue par personne, la Chambre des représentants choisira immédiatement, au scrutin, le président parmi les trois candidats qui auront eu le plus de suffrages pour la présidence. Mais dans ce cas, les votes seront comptés par état, la représentation de chaque état n'ayant qu'un vote ; un membre ou des membres des deux tiers des états devront être présents, et la majorité de tous les états sera nécessaire pour valider le choix. Et si la Chambre des représentants ne choisit point le président quand elle sera appelée à choisir, avant le quatrième jour du mois de mars suivant, le vice-président sera président, comme dans le cas de mort ou d'autre inhabileté constitutionnelle du président.

§ 2. La personne qui réunira le plus de suffrages pour la vice-présidence sera vice-président, si ce nombre forme la majorité du nombre total des électeurs réunis ; et si personne n'a obtenu cette majorité, le Sénat choisira le vice-président parmi les deux candidats qui auront le plus de suffrages. La présence des deux tiers des sénateurs et la majorité du nombre total des sénateurs seront nécessaires pour valider ce choix.

§ 3. Toute personne qui ne sera point éligible comme président ne sera pas non plus éligible comme vice-président.

TABLE

DES MATIÈRES CONTENUES DANS CE VOLUME.